Breve historia de España I

Las raíces

Breve historia de España I

Las raíces

Luis E. Íñigo Fernández

Colección: Breve Historia
www.brevehistoria.com

Título: Breve historia de España I: Las raíces
Autor: © Luis Enrique Íñigo Fernández
Director de colección: José Luis Ibáñez

Copyright de la presente edición: © 2010 Ediciones Nowtilus, S.L.
Doña Juana I de Castilla 44, 3º C, 28027 Madrid
www.nowtilus.com

Diseño y realización de cubiertas: Nic And Will

Reservados todos los derechos del texto de este libro. El contenido de esta obra está protegido por la Ley, que establece pena de prisión y/o multas, además de las correspondientes indemnizaciones por daños y perjuicios, para quienes reprodujeren, plagiaren, distribuyeren o comunicaren públicamente, en todo o en parte, una obra literaria, artística o científica, o su transformación, interpretación o ejecución artística fijada en cualquier tipo de soporte o comunicada a través de cualquier medio, sin la preceptiva autorización.

ISBN-13: 978-84-9763-920-0

Fecha de edición: abril 2010

A mi hija Ester, una nueva estrella en el firmamento de mi vida.

Índice

Prólogo 13

Introducción 19

Capítulo 1: Cuando España no era aún España 23
    Orígenes 23
    Depredadores 26
    Agricultores 33
    Una tardía neolitización 36
    Los señores de la púrpura y del hierro:
    los fenicios y los celtas 39
    Los hijos de Dido: los cartagineses 46

Capítulo 2: Hijos de la loba romana............ 51
Bajo las águilas de Roma......................... 51
Y tras la espada, la toga........................... 64
Latifundios y minas.................................. 67
Señores y esclavos.................................... 71
De Júpiter a Cristo................................... 73
La agonía del Imperio.............................. 75
El legado de Roma................................... 83

Capítulo 3: Bajo el signo de la media luna........ 89
El colapso visigodo.................................. 89
Un Estado frágil....................................... 92
Una economía floreciente....................... 110
Un pueblo que amaba la belleza............ 119

Capítulo 4: La recuperación de España........... 125
Montañeses y visigodos......................... 125
Repoblación.. 130
Reconquista.. 137
El renacer de la vida urbana.................. 143
El otoño del Medioevo........................... 154
El legado de la Edad Media................... 163

Capítulo 5: La hegemonía hispánica................ 167
Unidad... 167
Imperio.. 178
Una dinastía extranjera........................... 188
Penuria y oropeles.................................. 200

Capítulo 6: Un gigante con pies de barro 211
    Decadencia 211
    Las Españas de América 222
    La fatiga del Imperio 227
    Siglos de Oro 234

Glosario 241

Bibliografía 251

Prólogo

Pocas cosas resultan tan difíciles en la profesión de historiador como la divulgación del conocimiento histórico para un público no especializado, dentro de los exigentes parámetros de calidad que calificamos de «académicos». Quien acomete el empeño debe conciliar en una síntesis el rigor intelectual y la capacidad de resumir los contenidos científicos con la amenidad expositiva que demanda la variedad de lectores a los que se dirige. Frente al «vulgarizador» mediático, que sigue la fácil senda de cultivar los pre-juicios y los tópicos manidos, el divulgador académico se atiene al compromiso de calidad y objetividad que dimana de su propia condición de educador. Pocas cosas hay tan serias como transmitir al común de los mortales el conocimiento científico actualizado.

Y ello es especialmente comprometido cuando el empeño es, nada menos, que explicar el conjunto del devenir histórico de un pueblo, desde el principio de los tiempos hasta los días vividos por el lector. Pocas cosas han sido tan cuestionadas en nuestro país, en las últimas décadas, como la historia «nacional» española. La potenciación de los particularismos regionales por la vía de los nacionalismos alternativos ha conducido, en las universidades y otros centros de investigación a impulsar una pluralidad de enfoques sobre el concepto mismo de la «historia patria». Cobran fuerza las interpretaciones que niegan carácter nacional a la realidad del Estado español. Desde las conciliadoras propuestas federalistas de interpretar a España como «nación de naciones», hasta las lecturas que, por la vía de relativizar o demonizar la historia común, introducen visiones «soberanistas», confederales o abiertamente independentistas. Pervive, pese a ello, la visión progresista de la historia de España concebida como un proceso de vertebración y modernización, en torno a la unidad territorial y al Estado soberano, que condujo hasta una comunidad nacional integrada por ciudadanos iguales y solidarios, los españoles. Y se mantiene, con mucho menos vigor, el enfoque tradicionalista de la nación forjada por una unión de pueblos en torno a la comunidad cultural hispana, la unidad religiosa y la grandeza de las empresas pretéritas.

Tras esta pluralidad de enfoques late, en el fondo y en la forma, la pregunta acuciante que tantos pensadores han intentado resolver: ¿qué es España? Para cualquier español consciente de su entorno social, del pasado que hereda, del presente que vive, del futuro que lega, esta es una cuestión fundamental. Y para resolverla más allá del puro sentimiento, siempre es preciso volver la vista atrás, a la Historia. Profundizar en las raíces, estudiar los procesos comunitarios, analizar sus consecuencias.

Claro que lo «nacional» tiene límites retrospectivos. Aunque algunos lo pretendan, en los tiempos del Antiguo Testamento no se pueden rastrear las naciones actuales. Es imposible que los habitantes prehistóricos de Atapuerca se considerasen «españoles». Tampoco sería, por ejemplo, el caso de Viriato, el guerrillero lusitano, de quien es igualmente improbable que se identificara como «portugués», o como «extremeño». Podemos apostar a que su coetáneo, el caudillo íbero Indíbil, tampoco sabía que era «catalán». Pero un habitante de la península en tiempos de Cristo ya se consideraba genéricamente «hispano» y en la Edad Media el concepto geopolítico de España estaba suficientemente arraigado, al margen de las siempre cambiantes divisiones fronterizas de sus reinos. Los súbditos ibéricos de Carlos V se sabían pertenecientes a un reino de España que ya existía bajo una fórmula confederal dos siglos antes de que los decretos de Nueva Planta establecieran la moderna forma unitaria del Estado. Concepto geográfico, comunidad cultural, realidad política, Iberia, Hispania, España constituye una constante en la evolución de sus pueblos que ha llevado a los historiadores, desde mucho antes de que existieran los nacionalismos, y de que de ellos surgieran las naciones, a fijarla como objeto histórico milenario. Es como proyectarse al pasado desde el presente en busca de junturas y líneas de fractura de un proceso de convivencia en continua re-elaboración.

La Historia, como conjunto de saberes y como metodología de análisis del pasado, evoluciona en el tiempo y ello cambia la forma en que se percibe y se trabaja. Ni los historiadores, ni sus lectores, dejan de ser hijos de su tiempo. Es un tópico afirmar que cada generación rescribe la Historia. En realidad, la rescribe cada promoción que sale de las aulas universitarias y, en el curso de la vida de su autor, un juvenil ensayo rompedor se trasformará en un «clásico» de la historiografía, numerosas veces superado y rebatido. Otro tópico afirma que la Historia la escriben los vencedores. Solo es cierto en parte. Como el actual y apasionante debate sobre la «memoria histórica» de la guerra civil de 1936 está poniendo de manifiesto, la escriben los vencedores, pero la rescriben los nietos de los vencidos.

Y el empeño precisa de la pluralidad de enfoques. Aunque la pretenciosa historia total que se proponía a mediados del pasado siglo ha quedado relegada al desván de los imposibles, una historia «nacional» requiere de un tratamiento multidisciplinar, en el que la historia política, la económica, la social, la cultural... se complementan en la exposición de los procesos de largo recorrido a fin de explicarlos con la pluralidad de enfoques que requieren.

El esquema de la historia general de España está establecido en nuestras conciencias desde la escuela. Sigue una línea cronológica global, dividida en perio-

Breve historia de España I: Las raíces

dos y un ámbito geográfico común, frente a las visiones fraccionales que la diversifican conforme a los espacios geográficos interiores o las estructuras político-administrativas actuales. Desde mucho tiempo atrás, esta línea cronológica se ha ceñido a la convención de unas divisiones tradicionales —Prehistoria, edades Antigua, Media, Moderna y Contemporánea— separadas por tópicas cesuras, rígidas, breves y muy concretas: la batalla del Guadalete, la conquista de Granada, el 2 de Mayo de 1808... El mundo académico lo sigue admitiendo así, de una manera formal, en las «áreas de conocimiento» que compartimentan nuestra historiografía universitaria. No obstante, parece más lógica la opción que se sigue en este libro: una estructura mucho más flexible, con una sucesión de capítulos de temática concreta, que obvian, en la medida de lo posible, los saltos entre las tópicas «edades» y mantienen, por lo tanto, una mayor continuidad en el relato.

La Historia de España que prologan estas palabras es un excelente ejemplo de síntesis de una tradición histórica nacional que supera, en el tiempo y en el espacio, los límites de un Estado contemporáneo. Tradición que responde a una realidad avalada por los propios procesos históricos. Pero tradición que, en la visión actual que nos ofrece el autor, huye de los tópicos nacionalistas de cualquier signo para asumir la compleja pluralidad del hecho español y acercarla a la sensibilidad del lector de hoy. Luis Íñigo es un historiador vocacional, con una larga trayectoria como investigador y docente. Es, por lo tanto, un lector voraz y un trasmisor nato de conocimiento en los diversos niveles del discurso historiográfico. Y en esta Historia de España demuestra su capacidad para llegar al más amplio público de estudiantes y aficionados a la Historia. Con una prosa amena, explicativa, plena de imágenes y sugerencias. Pero sin concesiones a la vulgarización y al tópico, planteando en cada tema el estado de cuestión a la luz de las investigaciones más recientes. Con la esperanza, quizás, de que el lector del libro tenga, cuando lo concluya, más firmes elementos de valoración personal para contestar a la inquietante pregunta que subyace en tantas controversias historiográficas: ¿qué es España?

Julio Gil Pecharromán
Profesor Titular de Historia Contemporánea
Universidad Nacional de Educación a Distancia

Introducción

¿Otra historia de España? Probablemente, querido lector, acabas de hacerte esta pregunta. Quizá has cogido el libro, atraído por el colorido de su cubierta, que tanto destaca entre los atestados anaqueles de la librería o del centro comercial donde te encuentras, sin otra intención que hojearlo mientras tal vez tus hijos se entretienen en la sección infantil. Si es así, cuento tan solo con unas pocas líneas, un par de minutos en el mejor de los casos, para provocar de tal modo tu curiosidad que no te quede más remedio que leerlo, convencido de que lo que en él vas a encontrar nadie te lo había ofrecido antes y, de que además te ofrecerá algunas horas de lectura agradable y, por qué no decirlo, conocimientos fáciles de adquirir.

Por supuesto, tengo que asegurarte que eso es, precisamente, lo que vas a encontrar en estas páginas. No voy a engañarte. Escribirlas no ha sido una tarea fácil. Condensar en menos de trescientas páginas de este formato una Historia de España desde la Prehistoria hasta el siglo XVIII, y hacerlo de modo que la entiendan y la disfruten personas que no son, ni tienen por qué serlo, profesionales de la historia, merecería figurar entre los doce trabajos de Hércules.

Sí, quizá he exagerado un poco. Por supuesto, para escribir este libro no he tenido que dar muerte al león de Nemea, pero lo cierto es que se trata de un pequeño logro. Primero, porque estamos hablando de un período de varios milenios, y eso es mucho tiempo para tan poco espacio. Y segundo, porque se trata también de una historia muy compleja. La parte del mundo que nos ha tocado habitar, la península ibérica, se encuentra ubicada en un lugar muy especial, en el extremo occidental del continente europeo. Y esta ubicación ha condicionado su evolución histórica, otorgándole el papel de puente entre Europa y África, y forzándola, a un tiempo, a volverse hacia el mar y buscar en él el destino colectivo de sus pobladores. Aunque sea un tópico, Iberia estaba llamada por la geografía a ser crisol de pueblos y culturas. Narrar su historia haciendo justicia a este papel, y a la pluralidad que de él resulta, sin negar por ello su existencia milenaria como entidad histórica reconocible —no como *nación,* que de eso no había aún antes del siglo XVII, por más que muchos lo pretendan—, no es una tarea sencilla. En todo caso, el resultado está a la vista y dentro de muy poco estarás en disposición de tener ocasión de juzgar si este autor ha logrado o no lo que se proponía.

Breve historia de España I: Las raíces

Antes me gustaría, una vez explicado mi objetivo, exponer también la forma en que he tratado de lograrlo. Como no quiero apartarte más tiempo del placer de leer esta obra, diré tan solo un par de cosas. Después de varias décadas viviendo entre libros de historia, he podido comprobar que uno de los elementos que más dificultad y lentitud añaden a su lectura es la necesidad en que a menudo se ve el autor de explicar los conceptos que va introduciendo. Si no lo hace, y los da por conocidos, se arriesga a que el lector no comprenda lo que quiere decir. Pero si los desarrolla en notas a pie de página, el resultado no es mucho mejor, ya que la mayoría de los lectores, es decir, todos con excepción de los eruditos, consideran que los libros con excesivas notas son lo más parecido a un ladrillo que cabe imaginar. Para conjurar ambos riesgos, he optado por señalar con un asterisco los conceptos con los que el lector de a pie puede no estar familiarizado y explicarlos por orden alfabético en un glosario al final del libro. De este modo, la lectura no pierde agilidad, y solo los que lo necesiten se verán obligados a interrumpirla para consultar algún término.

Por otro lado, la experiencia me ha demostrado también que, a pesar de la predilección de los historiadores por los análisis sesudos y complejos en los que intervienen múltiples factores, lo que el lector de a pie prefiere es la historia narrativa. Esto no quiere decir que este libro sea un cuento o una novela, y menos aún que no trate de explicar por qué y cómo se desarrolló nuestro pasado. La historia puede narrar y explicar a un tiempo, e incluso rozar lo literario sin perder por ello profundidad en sus análisis. Por supuesto, hacerlo así añade una dificultad más a un trabajo ya de por sí arduo, pues la Historia, a diferencia de otras disciplinas, es pluricausal, lo que hace muy complicada la exposición escrita de sus conclusiones. Con demasiada frecuencia, los historiadores nos perdemos tanto en cuestiones de detalle que los árboles nos impiden ver el bosque.

En fin, lo que aquí he tratado de hacer es precisamente eso: lograr que el lector vea a un tiempo los árboles, los hechos históricos y el bosque, los procesos, las permanencias y los cambios, de manera que los primeros cobren sentido insertos en los segundos y el conjunto sirva al que debe ser el objetivo último de toda obra de historia: convertir el conocimiento del pasado en una herramienta útil para comprender el presente y, en última instancia, hacer de nosotros personas más libres. Este pequeño libro tan solo pretende colaborar con humildad en esa gran tarea. Espero que lo disfrutes. Y si lo haces, ya sabes: no dudes en leer a su debido tiempo el segundo tomo. Como ya demostrara Cervantes, las segundas partes también pueden ser buenas.

Luis Enrique Íñigo Fernández
luis.inigo.fernandez@madrid.org

1

Cuando España no era aún España

> La Turdetania es maravillosamente fértil; tiene toda clase de frutos y muy abundantes... Así pues, siendo la región navegable en todos sentidos, tanto la importación como la exportación de mercancías se ve extraordinariamente facilitada.
>
> Estrabón. *Geografía*, Libro III.

Orígenes

Las gentes cultas del siglo XVIII se mostraban convencidas, pues así lo había calculado un célebre erudito de la época, de que Dios había creado el mundo no mucho tiempo atrás; exactamente, el 23 de octubre del año 4004 a. C. a las nueve de la mañana. Luego, tras dar forma a todo cuanto existe sobre la Tierra, la había adornado con su mejor criatura, el hombre, que había visto la luz al sexto día de la Creación.

Hoy sabemos que no es así. El mundo es mucho más antiguo de lo que se creía hace dos siglos. La Tierra tiene, con toda seguridad, más de cuatro mil millones de años. Y por lo que se refiere a la especie humana, nuestros primeros antepasados poblaron los húmedos bosques de África, la cuna del *Homo sapiens,* hace unos cinco millones de años. ¡Cuánto trabajo para los historiadores! Sin embargo, los historiadores tenemos muy poco que decir sobre la mayor parte de ese tiempo, simplemente porque apenas sabemos nada de él. Por esa razón, ni siquiera lo denominamos *Historia,* sino *Prehistoria,* es decir, el período que precede a la Historia. Con ello queremos también indicar que lo poco que conocemos de aquellos hombres ha llegado hasta nosotros por fuentes distintas de la escritura y previas a su invención, como restos fosilizados de personas y animales, herramientas o adornos.

Valiéndose de tan exigua información, expertos en diversas ciencias, trabajando codo con codo, dibujan un paisaje en constante cambio de nuestro pasado más remoto. Gracias a ellos sabemos que fueron varias las especies emparentadas con la nuestra que nos precedieron sobre la Tierra. A las más antiguas, capaces ya de caminar erguidas, pero todavía no de fabricar útiles, no las consideramos humanas. Por ello las reunimos a todas —el diminuto ardipiteco, los populares australopitecos, los robustos parántropos— bajo el apelativo de *homínidos,* evitando con toda intención el de *hombres.* El primero de nuestros antepasados que merece este título es el llamado *Homo habilis,* que habitó la sabana africana hace unos dos millones de años. Se trata de un pariente muy humilde, pero cumple ya todas las condiciones para ganarse el apelativo de humano: camina

Breve historia de España I: Las raíces

erguido; es capaz de fabricar herramientas; posee un cerebro muy desarrollado en relación con su tamaño, y es tan inmaduro cuando nace que requiere un largo periodo de su vida para convertirse en adulto. Las herramientas que fabricaba eran aún muy toscas, apenas unos cantos trabajados mediante unos pocos golpes, pero revelan ya la presencia de ese rasgo que solo el hombre posee: la tecnología. Gracias a ella, nuestros frágiles antepasados pudieron triunfar sobre competidores mucho mejor dotados por la naturaleza. Podemos decir que, de una forma generalizada, su cuerpo fue haciéndose más robusto; su cerebro, más voluminoso, y sus manos, más hábiles. Y así, poco a poco, comenzaron a extenderse por el planeta.

Quizá por ello es la tecnología la que nos sirve para dividir en etapas la Prehistoria. Puesto que la mayor parte de las herramientas que fabricaba el hombre estaban hechas de piedra tallada, llamamos *Paleolítico* —es decir, «piedra antigua»— al período que se extiende desde su aparición hasta la invención de los primeros útiles de piedra pulimentada, unos diez mil años antes de Jesucristo, cuando da comienzo la era de la «piedra nueva», o *Neolítico*. Luego, el descubrimiento del metal —cobre, bronce, hierro, en este orden— a partir del cuarto milenio a. C., junto a la invención de la escritura y los grandes cambios económicos, sociales y políticos que acompañan al progreso técnico, llevarán al hombre a cruzar la frontera de la Historia.

Los distintos avances en la técnica de la talla permiten, a su vez, marcar fronteras dentro del Paleolítico. Así, durante el Paleolítico Inferior, la humanidad obtenía sus útiles a partir de grandes núcleos de piedra, al principio golpeándolos tan solo unas cuantas veces, hasta obtener un tosco filo, después de manera más elaborada, transformándolos en las famosas hachas de piedra conocidas como bifaces. Más tarde, en el Paleolítico Medio, son los fragmentos de piedra que saltan del núcleo durante la talla, las *lascas*, los que sirven de materia prima para fabricar herramientas cada vez más diversas y especializadas. Y por fin, en el Paleolítico Superior, la técnica de la talla alcanza una perfección de la que son buena prueba los instrumentos de hoja, minúsculos y eficaces.

Distintas especies humanas fueron protagonistas de estos cambios. *Homo habilis, Homo ergaster, Homo erectus* y *Homo antecessor* vivieron durante el Paleolítico Inferior; el *Homo sapiens neandertalensis* —el famoso hombre de Neandertal, que convivió con nosotros, los *sapiens*— lo hizo durante el Paleolítico Medio, y, por último, nuestra propia especie, el *Homo sapiens sapiens,* se adueñó de la Tierra a lo largo del Paleolítico Superior y se erigió en la única protagonista de la Historia.

Aclarado todo esto, podemos tratar ya de comprender cómo se desarrolló el intenso drama de la Prehistoria en la península ibérica.

Depredadores

La Iberia prehistórica se encontraba ya poblada en el Paleolítico Inferior. Su primer habitante, al menos por lo que hasta ahora sabemos, pertenecía a la especie

Breve historia de España I: Las raíces

Reconstrucción ideal del Homo antecessor, por lo que hoy sabemos, el poblador más antiguo de la península ibérica. Un diente datado en 1,2 millones de años antes del presente, que fue hallado en 2008 en Atapuerca, ha forzado a los paleontólogos a adelantar casi cuatrocientos mil años la presencia humana en la península.

denominada *Homo antecessor*. Sus restos más antiguos, que datan de hace poco más de un millón de años, nos muestran un individuo dotado de un cerebro algo más grande que sus predecesores, en torno a los mil centímetros cúbicos, y una cara menos plana, que debía conferirle una expresión semejante a la nuestra. Pero si su aspecto era moderno, no lo era tanto su tecnología, que apenas había logrado mejorar un poco los toscos cantos trabajados del *Homo habilis*.

Con herramientas tan pobres, sufría este «hombre pionero» (pues eso es lo que quiere decir *Homo antecessor*) la tiranía de una naturaleza de la que dependía por completo. Recolector y carroñero, incluso caníbal en ocasiones, incapaz todavía de cazar otra cosa que pequeñas presas, deambulaba de sol a sol por los campos ibéricos; buscaba la proximidad imprescindible de los ríos, alimentándose de frutos y bayas; disimulaba su presencia a depredadores más voraces, disfrutando a veces de los restos de sus festines en la oscuridad protectora de las cuevas, y, en fin, servía más de una vez él mismo de alimento a sus enemigos naturales.

Pero por cruel y miserable que resultara su existencia, fue lo bastante dilatada para permitir su evolución. En Europa, donde el lento migrar de generaciones le había conducido desde su lugar de nacimiento en África, terminó, de acuerdo con algunos autores, por dar origen a una especie distinta, el hombre de Neandertal, que comenzó a poblar el continente y llegó a nuestra península hará unos cien mil años.

Los individuos de esta nueva especie habían de resultar impresionantes. No muy altos, pero de gran robustez, dueños de pesados huesos y una formidable musculatura, poseían ya un cerebro de tamaño similar al nuestro. Sus grandes pulmones y la amplitud de sus fosas nasales les permitían una perfecta adaptación al frío intenso de aquella Europa aterida por las glaciaciones. Tallaban aún la piedra, pero lo hacían con enorme precisión, obteniendo de ella herramientas múltiples y especializadas. Aunque nómadas, recolectores y cazadores como sus ancestros, se enfrentaban ya con decisión a piezas de gran tamaño, a las que derrotaban más como resultado de su inteligencia social que de su fuerza bruta. Señores del fuego, amaban el calor hogareño de las cuevas; velaban por los ancianos y los impedidos, y quizá en el fondo de su alma latiera ya la gran pregunta acerca del verdadero sentido de la vida y el oscuro significado de la muerte. La práctica de enterrar a sus difuntos, en lugar de abandonarlos a merced de los carroñeros, y de acompañar sus cuerpos con herramientas, útiles o adornos revela, en todo caso, una humanidad bien lejana de la imagen bestial que muchas personas conservan aún de estos hombres.

Pero la fuerza que iba a expulsar a los neandertales del gran teatro de la Historia se gestaba ya en la misma cuna africana de sus antepasados. Allí, al menos según algunos autores, los últimos descendientes del *Homo antecessor* habían cambiado también, pero de un modo distinto. Hace quizá unos doscientos mil años, la evolución había dado origen a una nueva especie, el *Homo sapiens*, que llegaría más tarde a convertirse en la única representante de la humanidad.

Como una mancha de aceite, lenta pero imparable, la nueva especie fue extendiéndose. Llegó a Oriente Pró-

El conocido popularmente como hombre de Neandertal, del que se ofrece aquí una reconstrucción idealizada, había de tener, a simple vista, un aspecto imponente. Nuestra especie, menos robusta y peor adaptada a la inhóspita Europa de las glaciaciones, solo contaba frente a él con una ventaja: el lenguaje articulado.

ximo; penetró en Asia, donde terminó con las milenarias poblaciones de *Homo erectus;* entró en Europa por el este, encontrándose enseguida con los poderosos neandertales, y, cuarenta mil años antes del presente, alcanzó la península ibérica.

Durante unos miles de años, ambas especies humanas convivieron. Luego, sin saber muy bien cómo, aquí como en el resto del continente, los neandertales se extinguieron. Sobre el papel, eran ellos quienes parecían tener todos los triunfos para ganar aquella partida, la más decisiva de nuestra historia. El *Homo sapiens* era menos robusto. Sus fosas nasales, más cortas, no eran adecuadas para un clima tan frío como el europeo. Y en cuanto a su cerebro, no era de mayor tamaño que el de sus competidores. La única ventaja que poseían nuestros antepasados se la proporcionaba el lenguaje.

El *Homo sapiens* poseía una larga faringe que le habilitaba para producir una gran variedad de sonidos. Gracias a ellos, su lenguaje articulado podía ser extraordinariamente rico, mucho más que el de los neandertales. Y con un lenguaje así, el grado de cooperación social a su alcance era mucho mayor y, por consiguiente, también lo era su capacidad para explotar los recursos del medio. Como individuos, quizá los neandertales eran superiores; como grupo, nuestros antepasados eran invencibles. Por esa razón, terminaron ganando la partida.

Ya dueña de la península, nuestra especie reveló bien pronto una gran capacidad para la diversificación cultural. El patrón común a todas las poblaciones venía determinado por una economía centrada en la recolección, la caza y la pesca, la habitación temporal en cuevas y campamentos, una tecnología desarrollada sobre la talla de la piedra y el hueso, y una organización social basada en clanes formados por varias familias emparentadas entre sí. Había, es cierto, diferencias regionales, pero no iban mucho más allá de simples peculiaridades en la técnica utilizada en la fabricación de herramientas. Auriñaciense, Solutrense y Magdaleniense, antes que etapas dentro del Paleolítico Superior, deben entenderse como referencias a diferentes complejos técnicos, sin apenas consecuencias sobre los modos de vida. En realidad, es el arte el que marca verdaderas distancias entre individuos y grupos a lo largo de esta última etapa del Paleolítico.

Los hombres de aquel tiempo hallaron el arte el camino más directo de comunicación con una naturaleza a la que se hallaban por completo sometidos. Inseguros ante sus manifestaciones, convencidos de que detrás de cada planta y cada animal de los que dependía su sustento se hallaba una fuerza espiritual sobre la que se podía influir, se valieron de la escultura y la pintura para persuadir al medio que habitaban de que se aviniera a satisfacer sus necesidades.

Tallaron así el hueso para conferirle formas de animales; esculpieron la piedra hasta transformarla en figurillas femeninas de exagerados atributos sexuales, y descubrieron en la pared de las cuevas, a menudo dúctil gracias a la humedad, un lienzo natural en el que dar rienda suelta a su búsqueda de seguridad en el alimento y la procreación. Estamparon primero sobre ella la huella insegura de sus manos; la enmarcaron luego en toscos pigmentos obtenidos de la sangre y la grasa de los animales y el polvo de los minerales machacados; idearon más tarde símbolos que aludían a los órganos relacionados con la reproducción, y, tan solo unos miles de años antes del fin de aquella interminable temporada de caza que fue ante todo el Paleolítico Superior, cubrieron lo más recóndito de las cavernas con verdaderas joyas pictóricas de cálidos tonos multicolores. Altamira, la mejor de todas ellas, muestra ante nuestros ojos atónitos un enorme palimpsesto de bisontes, caballos y ciervos, superpuestos sin orden ni concierto, ausente la efigie de hombre alguno que los cace, pero siempre prestos a servir de centro a unos rituales que sin duda tuvieron por objeto facilitar su captura en la vida real.

Breve historia de España I: Las raíces

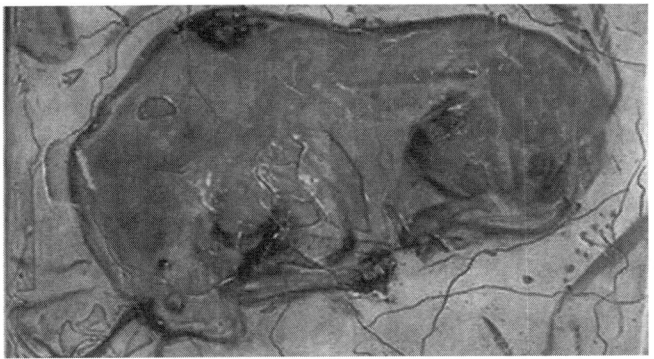

Bisonte de Altamira (Neocueva, reproducción). Aunque las primeras interpretaciones sobre la pintura parietal del Paleolítico Superior quisieron ver en ella una simple manifestación del «arte por el arte», en la actualidad, sin negar la evidente capacidad estética del hombre paleolítico, se tiende a ver en ella un instrumento al servicio de su necesidad de asegurarse una caza abundante y segura.

AGRICULTORES

Todo fue bien durante decenas de miles de años. Las comunidades de cazadores y recolectores, sin enemigos serios que les disputaran la cúspide de la pirámide ecológica, se extendieron por doquier. Su existencia, lejos de ser aquella peripecia desagradable y brutal que describió Hobbes en el siglo XVII, era breve pero, a diferencia de la nuestra, no se hallaba dominada por el trabajo, sino por el ocio, pues era muy poco el tiempo que debían dedicar a procurarse el alimento, que abundaba en su entorno. Por desgracia, una combinación de cambios climáticos y crecimiento demográfico terminaría por hacer inviable la persistencia de aquel modo de vida.

Hace unos doce mil años, el comienzo de un nuevo período climático denominado Holoceno, menos lluvioso que el que le precedió, supuso la extinción o la emigración hacia latitudes septentrionales de un buen número de grandes especies. El rinoceronte lanudo, el reno y el mamut desaparecieron del entorno del hombre. La población, que había crecido de manera lenta pero continua durante decenas de miles de años, se encontró ahora con problemas para asegurar su sustento. La humanidad, en fin, se enfrentaba a un reto ecológico que exigía una decidida réplica por su parte.

La primera respuesta fue la más sencilla: hacer lo mismo que se venía haciendo, pero con mayor intensidad. Durante el período que conocemos como *Epipaleolítico,* las sociedades de cazadores y recolectores continuaron cazando y recolectando, pero hubieron de fijar ahora su atención en piezas más pequeñas, como conejos y liebres, que exigían más trabajo para obtener menos carne, y especies vegetales menos exigentes en agua, como los cereales. Mientras, los instrumentos de piedra se hicieron todavía más precisos y diminutos, tanto, que los denominamos *microlitos,* es decir, «pequeñas piedras». Nuevas fuentes de comida, como los trabajosos mariscos, hubieron de ser exploradas, y el intercambio de alimentos y objetos entre grupos, antes innecesario, alcanzó ahora mayor frecuencia.

No fue suficiente. El esfuerzo sirvió tan solo para retrasar lo inevitable unos miles de años. El hombre no podía ya sobrevivir sin producir por sí mismo los alimentos que necesitaba: la economía depredadora debía dejar paso a la economía productora. Tocaban a su fin los largos ocios a los que se hallaban habituadas las sociedades de cazadores y recolectores. Sonaba la hora del agricultor y el ganadero, sometidos a dilatadas jornadas de duro trabajo; forzados a habitar en un lugar fijo y a defenderlo de quienes trataran de aprovecharse de su esfuerzo; preocupados por el sol y la lluvia que condicionaban sus cosechas; devotos, en fin, de la diosa Tierra de la que, en última instancia, dependía su sustento.

Existía, es cierto, otra opción. El hombre podía haber respondido a la disminución de los recursos naturales frenando el crecimiento de su población. Pero hacerlo así no era fácil, porque los métodos de control de la natalidad que se hallaban a su alcance eran aún muy imperfectos y suponían, todos ellos, un sacrificio mayor que el que exigían la agricultura y la ganadería. La abstinencia sexual, el aborto en condiciones de grave riesgo, la prolongación de la lactancia o la negligencia en el cuidado de los recién nacidos habrían, sin duda, contenido el crecimiento demográfico. Pero el precio a pagar era tan alto que, en realidad, no había mucho que pensar. Hace unos diez mil años, la caza y la recolección empezaron a retroceder en favor de la agricultura y la ganadería.

Como es lógico, esto no sucedió al mismo tiempo en todas partes. Aquellos lugares en los que existían en estado salvaje las especies susceptibles de domesticación o cultivo —la oveja, la cabra, la cebada, el trigo— partían con una ventaja sustancial. Y fue en ellos donde el cambio se produjo en un primer momento, extendiéndose después, poco a poco, en una marcha de milenios, a las zonas más alejadas. Por ello denominamos a aquellas regiones —el Próximo Oriente, Mesoamérica, el norte de China— *zonas nucleares.* Además, consideramos estos cambios como los más trascendentales en la historia de la humanidad, y, a pesar de que no fue la aparición de la piedra pulimentada o *piedra nueva* su rasgo más significativo, seguimos conociéndolos bajo el nombre de *revolución neolítica.*

UNA TARDÍA NEOLITIZACIÓN

La península ibérica, no muy cercana a las costas orientales del Mediterráneo, de donde había partido la neolitización en esta zona del mundo, tardaría mucho en conocer sus cambios. De hecho, tanto se retrasó su venida —a un kilómetro por año habrían avanzado hacia Occidente la agricultura y la ganadería según algunos autores— que cuando se produjo al fin, cinco milenios antes del nacimiento de Cristo, el Neolítico que alcanzó nuestra tierra no llegaría en estado puro, sino mezclado ya con innovaciones técnicas y económicas propias de períodos más avanzados.

Por ello, el Neolítico peninsular mostró bien pronto esa pluralidad que tan presente habría de estar siempre en nuestra historia. Al norte, en lo que hoy es Cataluña, pueblos de agricultores entierran a sus muertos en fosas, revestidas en ocasiones con lajas de piedra, y, quizá en un deseo de hacer su tránsito más llevadero, envuelven al difunto en el manto protector de los objetos que le acompañaron en la vida. Mientras, a lo largo de las costas y hacia el sur, la ganadería gana protagonismo al cultivo de los campos, y las cuevas ocultan cerámicas adornadas con incisiones o impresas con conchas, tributo simbólico de estos hombres al mar que les enseñó a trabajar la dúctil arcilla.

Poco a poco, con el correr de los siglos, las nuevas formas de vida irán alcanzando el resto de la península. Pero aún no sabían todos los pueblos ibéricos cultivar la tierra y apacentar los rebaños cuando el rumboso Mediterráneo ofrecía un nuevo regalo a las gentes de sus costas. El metal, primero en forma de frágil cobre, luego mezclado con el estaño para formar sólido bronce, traería con él cambios aún más profundos en los objetos, las gentes y los paisajes.

La piedra pulimentada, que da nombre al Neolítico, no desaparece, pero termina por rendir su imperio milenario a la nueva materia, superior en dureza, más maleable y capaz de renacer una y otra vez de sus cenizas. Las herramientas, las armas, las joyas nos cuentan el triunfo paulatino del metal. Y con él va muriendo la igualdad entre los hombres y los pueblos. Quienes lo poseen someten a quienes lo anhelan. Las llanuras ceden su lugar a las colinas, de fácil defensa, como lugares preferidos de habitación. Las murallas encierran a los poblados en su abrazo protector. La paz deja paso a la guerra. Junto a los pastores y los agricultores, surgen los guerreros; los soldados requieren jefes. La existencia de excedentes más abundantes y la posibilidad de almacenarlos, prohibiendo acceder a ellos a quien se niegue a obedecer, combinadas con las necesidades de la defensa, dan al traste con la vieja igualdad de las comunidades de aldeanos. La sociedad marca sus jerarquías en este mundo y en el otro. Las tumbas se transforman en visi-

Reconstrucción del poblado de Los Millares, hoy en Santa Fe de Mondújar (Almería). La llamada cultura de Los Millares fue la más avanza de la península durante el Calcolítico y, con toda probabilidad, la primera que utilizó de forma habitual utensilios de metal.

bles monumentos a la vanidad de las élites, que abandonan esta vida entre riquísimos ajuares a la eterna sombra de sus sepulcros de piedra. La faz de los dioses, todavía personificación de las fuerzas de la naturaleza, señora de las cosechas, se va tornando humana.

Poco a poco, el aislamiento y la distancia determinan la aparición de nuevas diferencias regionales. Las tierras de Andalucía, bendecidas por la riqueza metalífera de su suelo, cobran ventaja. Es en ellas, y en especial en lo que hoy es la provincia de Almería, donde surgen las culturas más avanzadas. Dos de ellas, Los Millares, en el tercer milenio antes de nuestra era, y El Argar, ya en el segundo milenio, exhiben ya extensos poblados, murallas de mayor solidez y torres más elevadas; cubren sus campos con abundantes cosechas de cebada y trigo, mientras recorren sus veredas nutridos rebaños, y revelan la presencia de clases dirigentes orgullosas de la riqueza de sus joyas y la sofisticación de sus pétreas tumbas de corredor, como las que aún se conservan en Antequera, Menga y El Romeral. Entretanto, culturas similares, aunque menos opulentas, se desarrollan en las Baleares, Valencia, Cataluña y La Mancha.

Por el contrario, en las montañas del centro y el norte, donde la naturaleza ha sido menos generosa y el cereal encuentra difícil acomodo, el pastoreo y el comercio ocasional deben bastar por fuerza para cubrir las necesidades de comunidades errantes cuyos enterramientos, mucho más humildes, muestran las limitaciones de su base económica. Sin embargo, su cerámica, de original diseño campaniforme, entre el tercer y el segundo milenio antes de nuestra era, dejará huella por todo el continente, desde las tierras del Danubio a los fríos páramos ingleses, mostrándose ya como un verdadero fenómeno cultural paneuropeo.

LOS SEÑORES DE LA PÚRPURA Y DEL HIERRO: LOS FENICIOS Y LOS CELTAS

El progreso no se detendrá; las influencias del exterior, tampoco. La Iberia que se encuentran los romanos, tres siglos antes del nacimiento de Cristo, empieza a formarse siete centurias antes, hacia el año 1000 a. C. Sus forjadores serán visitantes venidos del este, de las lejanas costas del Mediterráneo oriental, y del norte, al otro lado de los Pirineos. Fenicios y griegos, celtas y carta-

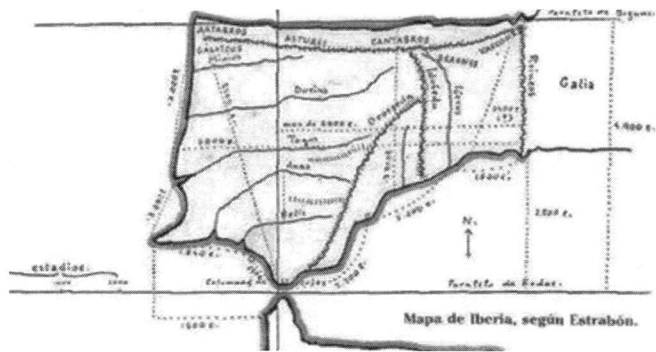

Mapa de Iberia, según Estrabón.

El geógrafo griego Estrabón (siglo I a. C.) nunca estuvo en la península ibérica, pero fue, paradójicamente, el que hizo la más famosa descripción de ella. «Iberia —escribió— se parece a una piel de toro, tendida en sentido de su longitud de Occidente a Oriente, de modo que la parte delantera mire a Oriente y en sentido de su anchura del septentrión al Mediodía».

gineses llevarán de la mano a los pueblos autóctonos y les ayudarán a cruzar la puerta de la Historia.

Los primeros en llegar fueron los fenicios, mil años antes de nuestra era. Los atrajo la mítica riqueza metalífera de la península. El oro, la plata, el cobre y el estaño llenaron sus barcos y los animaron a retornar una y otra vez a nuestras costas en busca de nuevas cargas, y a establecerse más tarde en ellas, colonizando sus tierras y mezclando su cultura con la de sus pobladores. Decididos a quedarse, buscaron promontorios unidos a la costa por un angosto istmo, a imagen de las distantes Sidón y Biblos, o islotes poco alejados de tierra, como la vieja Tiro, y amontonaron en ellos moradas estrechas y elevadas, rematadas en terrazas abiertas y prominentes torres desde las que otear el regreso de los navíos. Y en el centro de estas apiñadas urbes levantaron templos donde se rendía culto a las viejas divinidades semitas: el poderoso Baal, su esposa Astarté y su hijo Melkart. Nacieron así Sexi (Almuñécar, en Granada) y Abdera (la almeriense Adra), Malaka (Málaga) y, sobre todo, Gadir (Cádiz), llamada a ser, por su privilegiada situación a las puertas de las minas ibéricas de oro, plata y cobre, y a la cabeza de las rutas que conducían a los países del estaño, señora del comercio fenicio en Occidente.

Orgullosas e independientes, entregadas sin descanso a la tarea de procurarse nuevos clientes, tan parcos sus moradores en instinto político como sobrados en talento comercial, no conocieron entre sí ni con sus lejanas metrópolis* lazos más fuertes que la natural solidaridad de intereses en tiempos difíciles. Sin campos que proteger ni rebaños a los que dar abrigo, se hallaban por completo vueltas hacia el mar del que dependía su artesanía y su comercio, pilar de la riqueza de sus gobernantes, que no fueron reyes, nobles ni guerreros, sino tan solo opulentos mercaderes.

Y tras los fenicios, llegaron los griegos, que tocaron nuestras costas hacia mediados del siglo VII a. C. Impulsados por el ansia de encontrar territorios que poblar, mercados en los que colocar los productos de su pujante artesanía o un desahogo a las tensiones entre sus gentes, sus poderosos navíos cruzaron el Mediterráneo. Así se poblarían las costas catalanas y levantinas de sonoros nombres escritos en la lengua de Homero. Pero Hemeroskopeion, cerca de la actual Denia, Mainake, en el cerro del peñón, a medio camino entre Málaga y Almuñécar, o Rhode (Rosas) no fueron más que facto-

La península ibérica antes de la dominación romana.
A pesar de la notable diversidad de pueblos y culturas que la poblaban, a lo largo del i milenio a. C. la interacción entre ellos y los colonizadores llegados del exterior fue dotándolos de una cierta personalidad común.

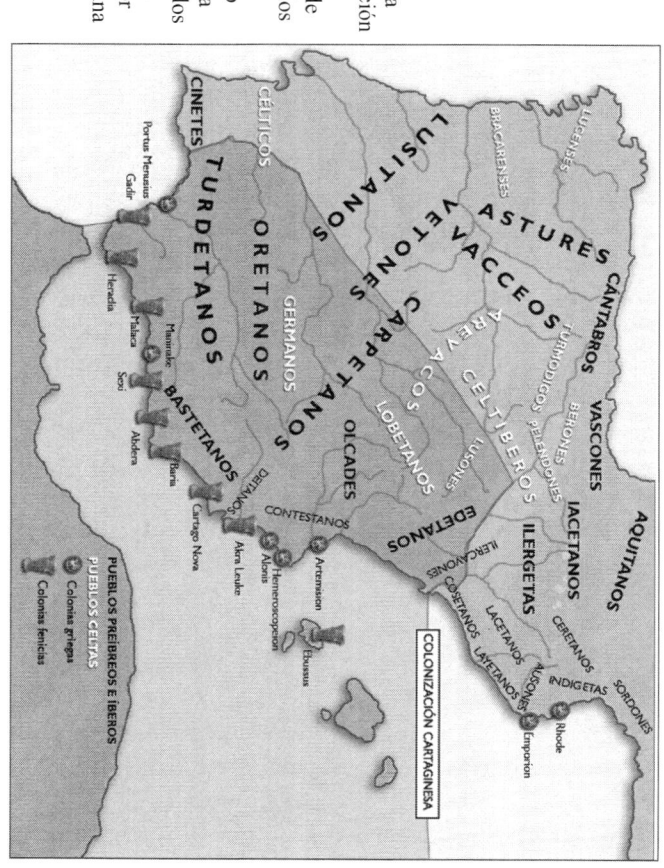

rías comerciales en las que intercambiar productos con los nativos para obtener de ellos los ansiados metales, no ciudades en sentido estricto. Solo Ampurias, en Girona, la que lleva un nombre, *Emporion,* más acorde con las motivaciones comerciales de sus fundadores, es una verdadera ciudad. Aunque no por ello fue escasa la influencia cultural helena sobre los pobladores de la península. Sus cerámicas, su alfabeto, sus creencias y su arte impregnaron a los pueblos ibéricos, dejando en ellos una huella muy profunda.

Porque de la mano de fenicios y griegos, los pueblos de nuestra península empezaron a convertirse en algo homogéneo. Iberia, el nombre que los griegos dieron a la península, ya no es solo una referencia geográfica, sino también cultural. Desde Huelva hasta los Pirineos, cada pueblo sigue preservando su identidad y su nombre, habitando una región de límites más o menos nítidos, trabajando sus campos o pastoreando sus rebaños al abrigo protector de sus ciudades fortificadas, sirviendo a sus reyezuelos y caudillos, y haciéndose de tanto en tanto la guerra. Pero oretanos, turdetanos, bastetanos, ilergetas o ausones, que así se llamaban algunos de los muchos pueblos iberos que entonces habitaban la península, comparten mucho más de lo que les distingue.

Sus poblados, casi siempre sobre la tranquilizadora altura de un cerro o colina, son similares; parecidas sus casas rectangulares de adobe o mampostería, apiñadas en torno a calles angostas y tortuosas, y semejante su comercio con fenicios y griegos, cuya afición al cobre, la plata o el oro convierte a los iberos en eficaces mineros y hábiles metalúrgicos. Son iguales su lengua y su alfabeto, aún por descifrar; idénticos sus dioses, que hubieron de rendirse ante las seductoras divinidades foráneas, y no lo es menos su escultura, que representa ahora su sumisión a las viejas fuerzas con la armonía aprendida de los visitantes extranjeros, que muestran como ninguna otra las hermosas facciones de la Dama de Elche. La iberización*, en fin, es un hecho varios siglos antes de la llegada de los romanos a nuestras costas.

Pero aún queda un rincón para el misterio. La Andalucía occidental acogió, si hemos de hacer caso a los textos clásicos, un reino de esplendor inusitado cuyo paso por la Historia fue intenso y fugaz como una llamarada, no más allá de dos centurias entre los siglos VIII y VI a. C. Pero si el mítico Tartessos, patria de Gárgoris y Habis, de Hyerón y Argantonio, fue alguna vez ese país de cultura refinada y fabulosa riqueza, se nos ocultan aún sus ciudades y sus puertos, testimonios más valiosos de la prosperidad de un pueblo que los tesoros de sus señores. Es por ello por lo que, purgando de mitos los textos de los historiadores griegos, debemos considerar la cultura tartésica como un fruto, aunque el más destacado, del sincretismo* secular operado entre las influencias de los colonizadores y las culturas locales del bronce.

Beneficiado por su estratégica situación, que hacía de él señor natural de las feraces vegas del Guadalquivir, los metales de Riotinto y Sierra Morena, y las rutas hacia el estaño septentrional, la relación de Tartessos con los fenicios hubo de ser más intensa, y más cuantiosos sus beneficios. De este modo, una cultura orientalizada con rapidez y elevada pronto al nivel estatal no hubo de tener grandes dificultades para someter a su control a caudillos y reyezuelos de la Andalucía occidental, incorporándolos a una red creciente de intercambios y constituyendo con ellos una suerte de confederación más o menos estrecha. Pero todo ello poseía un único cimiento: el comercio fenicio. Así que cuando, caída Tiro en manos babilonias a comienzos del siglo VI a. C., todo el comercio metalífero del Mediterráneo occidental se desmorona, Tartessos cae con él. Su riqueza mengua, disminuye el interés de los jefes locales en su amistad y el caos se enseñorea de la Andalucía occidental hasta que los iberos turdetanos restablezcan el orden.

Bien distinto es el paisaje que ofrece el norte de la península. La distancia y las barreras naturales han impedido que alcanzara a tocarlo la influencia fenicia y griega. La corriente civilizadora llegará, bien al contrario, de la Europa continental, penetrando las cumbres pirenaicas. Apenas iniciado el último milenio antes de la era cristiana, continuas migraciones de pueblos indoeuropeos van introduciendo la metalurgia del hierro y unas formas culturales bien diferentes de las de la Iberia mediterránea. Celtas será el denominador común que la costumbre ha concedido a estos pueblos portadores de nombres que en su época llegaron a ser sinónimo de belicosidad: galaicos, turmódigos, berones... Gentes de vida dura y carácter arrojado, habitan en redondas moradas de piedra y paja, agrupadas al abrigo de muros y torres, y aisladas por fosos en lo alto de protectores cerros. Dedican sus días a la guerra o al pillaje, mientras sus mujeres cuidan rebaños y campos esperando pacientes el botín. Y someten, en fin, con la incontestable superioridad de sus armas a los hombres del sur, que, al tiempo, recibirán también sus influencias culturales.

Así, la Meseta, forzoso cruce de caminos entre el norte y el sur, será primero celta y luego ibera. El denominador común de sus pobladores, *celtíberos,* no es sino el intento de la tradición de mostrar a unos pueblos que, influidos primero por los aires indoeuropeos procedentes del continente, reciben después el impacto de la iberización originada en las costas mediterráneas. Arévacos, pelendones o lusones poseerán, en consecuencia, elementos de ambos mundos.

Su forma de gobernarse será similar a la de los iberos, la confederación temporal de tribus regidas por separado por oligarquías o régulos de frágil autoridad. Pero sus relaciones sociales han recogido típicos rasgos indoeuropeos, como la fortaleza de los vínculos suprafamiliares, sostenidos por la mítica creencia en un antepasado común, o instituciones como la hospitalidad* y el patronato*, determinantes del comportamiento cotidiano de sus gentes. Solo su economía, que conoció una hábil metalurgia y un regular comercio, habrá de adaptarse, por encima de influencias de uno u otro origen, a la multiplicidad de condiciones naturales de la Meseta, desde las fértiles vegas, que invitan al cultivo, a los pelados montes apenas aptos para el pastoreo seminómada.

Los hijos de Dido: los cartagineses

Mientras esto sucedía en nuestra península, Tiro, la más orgullosa de las metrópolis fenicias, capitulaba al fin en el 573 a. C., tras un asedio de trece años, ante las huestes del caldeo Nabucodonosor. Pero la misma debacle tiria, que arruinó a tartesios y gaditanos, llamó también a la palestra de la Historia a los humildes habitantes de una anónima colonia fenicia en el norte de África, que se erigió en heredera de su comercio en el Occidente. Esta colonia, fundada según la leyenda, por Dido, obligada a huir de su patria por su hermano el rey Pigmalión, se llamaba simplemente «ciudad nueva», *Kart Hadasht* en lengua púnica, nombre del que deriva el de Cartago, con el que ha llegado hasta nosotros.

La herencia cartaginesa del occidente fenicio no es fruto de la casualidad. No existía en su desértica vecindad potencia alguna que la inquietase. El valle donde se asentaba era lo bastante fértil para alimentar a toda una gran urbe. Su puerto, erigido en la encrucijada entre las dos principales rutas del comercio mediterráneo, ofrecía a Cartago, de la que salían también cuantas caravanas recorrían el desierto hacia el centro mismo de África, la posibilidad de controlar ambas. El tradicional rechazo de los fenicios a mezclar su sangre con la de los pueblos indígenas otorgaba, por último, a los hijos de Dido la fuerza moral suficiente para aceptar el papel al que habían sido llamados. Pronto lo asumirán con intensa dedicación.

No solo defienden las antiguas posesiones de sus predecesores, sino que tratan de ampliarlas abriendo nuevas rutas. Hacia el siglo v a. C., Hannón, en pos del oro guineano, costea África hacia el sur. Por la misma época, Himilcon, navegando hacia el norte por las actuales costas portuguesas, busca el país del estaño. Las viejas colonias tirias renacen. Gadir recobra el papel perdido y recibe la ayuda cartaginesa frente a los discolos indígenas ibéricos, víctimas cada vez más frecuentes de los ataques púnicos. Más al este, la cartaginesa Ibiza disputa a la helénica Marsella el control de las rutas comerciales del Mediterráneo occidental. Por fin, en Alalia (535 a. C.), uno de los combates navales más antiguos que menciona la historia, las naves de Cartago, aliadas con las de Etruria, se aseguran la hegemonía al derrotar a los griegos focenses, que hubieron de dejar Córcega. La habilidad de sus marinos, hermanada con la potencia de sus ejércitos mercenarios, alejaba por siempre a los griegos de las tierras del oeste.

Pero si los helenos, incapaces de movilizar grandes ejércitos, no eran enemigo para Cartago, pronto terminaría de forjar su supremacía sobre la península Itálica Roma, la que durante mucho tiempo había sido poco más que una humilde aldea a orillas del Tíber. A comienzos del siglos III a. C., los romanos no habían mojado todavía sus encallecidos pies de agricultores en las aguas del Mediterráneo, pero, tomando ora el arado, ora la espada, habían sometido, uno tras otro, a todos sus vecinos, y, dotados de un sutil instinto de conductores de hombres, los habían integrado en una sólida confederación. Sus reservas humanas eran, en consecuencia, ingentes, y su ambición, como pronto mostrarían, insaciable. Bastó tan solo que aprendieran a navegar para que Cartago tuviera frente a sí un enemigo temible.

La diplomacia pareció capaz, al principio, de evitar el choque abierto entre los dos Imperios nacientes. Los primeros tratados entre ambas potencias reservan Italia para los romanos, que reconocen la soberanía púnica sobre Sicilia, Cerdeña, las Baleares e Iberia. Pero la guerra fría pronto elevará su temperatura. Mediada la centuria, los cartagineses prueban por vez primera el amargo sabor de la derrota, que han de pagar muy cara. La llamada por la tradición primera guerra púnica (264-241 a. C.) costó a Cartago, que se vio obligada a enfrentar a Roma en la tierra, en Sicilia y en África, y en el mar, donde los romanos se revelaron como unos alumnos aventajados, una indemnización de tres mil doscientos talentos —ochenta toneladas de oro— en diez años, la drástica reducción de su flota de guerra y, en fin, la renuncia a sus posesiones en Sicilia, a la que luego se sumará Cerdeña.

Los cartagineses deben, pues, buscar la manera de recuperarse. Se dibuja entonces ante su Senado una encrucijada de la Historia. Un camino apunta hacia África; mira a la riqueza de sus feraces tierras y a una economía sometida a la égida de la agricultura. El otro lleva de nuevo al mar; implica la consolidación del dominio sobre la rica Iberia, aún a salvo de la rapacidad romana, y confiere la primacía a la minería y el comercio como fundamentos de la potencia cartaginesa.

La decisión fue impuesta por Amílcar Barca, señor de Cartago tras librarlo de la debacle a manos de un ejército de mercenarios rebeldes. Y fue él mismo, seducido por los beneficios que la empresa parecía prometer, el encargado de ejecutarla en el 236 a. C. En pocos años, el hábil general y sus sucesores, su yerno Asdrúbal y su hijo Aníbal, valiéndose tanto de la diplomacia como de la guerra, someten al control cartaginés toda la costa ibérica entre Gadir y la desembocadura del Ebro. Los romanos, preocupados entonces por la presión de los galos al norte de Italia, aceptan el hecho consumado. El Tratado del Ebro (226 a. C.) reconoce la legitimidad del dominio púnico al sur, y solo al sur, de aquel río.

Satisfecho, Cartago se entrega a la tarea de organizar la explotación de los recursos naturales de Iberia, alimentando con afán las fuentes de las que habrá de beber su renovada potencia militar. Los Barca crean así una suerte de Estado hispánico dirigido por ellos desde la flamante ciudad de Cartago Nova y solo unido a Cartago por vínculos muy laxos. La agricultura, la pesca, la salazón, la minería, la economía entera, alcanzan un auge nunca visto en aquellas tierras. Y un nuevo ejército, mucho más eficaz y disciplinado, leal hasta la muerte a su general Aníbal se prepara para la venganza.

2

Hijos de la loba romana

> Por la romanización entra Hispania en la corriente universal y recibe a través de Roma la cultura griega, el cristianismo más tarde, y las demás corrientes de civilización.
>
> Antonio Tovar y José María Blázquez:
> *Historia de la Hispania romana,* 1974.

BAJO LAS ÁGUILAS DE ROMA

La ambiciosa Roma había aceptado la conquista cartaginesa de Iberia tan solo porque los galos amenazaban por entonces sus fronteras septentrionales. Pero se trataba de una situación provisional. En el Senado romano se imponían ya los adalides del imperialismo, grandes propietarios deseosos de engrosar sus fortunas con las tierras, la plata y los esclavos arrebatados a los pueblos del otro lado del mar. Por otro lado, los cartagineses no se engañaban. Sus líderes, terratenientes como ellos, sabían que una nueva guerra con los romanos era inevitable. Entre ambos pueblos, en las palabras legendarias que atribuyó el poeta Virgilio a la propia Dido, no

La segunda guerra púnica (219-201 a. C.) fue una verdadera lucha a vida o muerte entre los dos mayores Imperios del mundo occidental de aquella época. Su resultado marcó de forma decisiva la historia de Occidente en los siglos posteriores y, sin duda, nuestro presente.

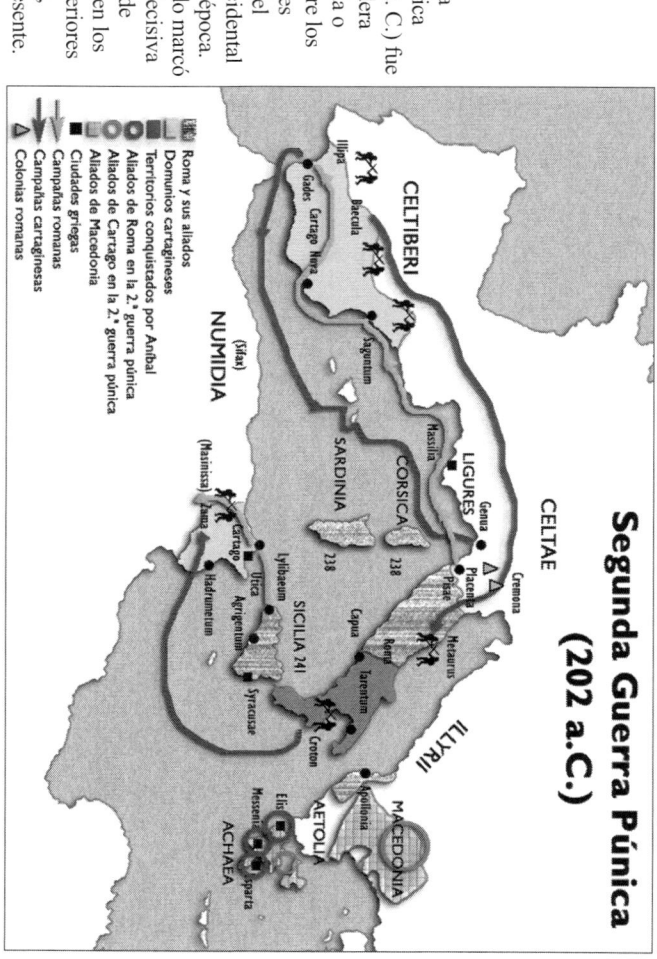

cabía ni amistad ni pacto. Se trataba de una pugna entre Imperios rivales en la que no había más opciones que la victoria o la muerte: *Summa sedes non capit duos,* había proclamado ante los asombrados padres del Senado cartaginés el cónsul* Marco Atilio Régulo. En efecto: en la cumbre no hay sitio para dos.

El terreno estaba, pues, abonado para el conflicto, y para que estallara restaba tan solo el pretexto. Y el pretexto llegó cuando, en la primavera del 219 a. C., la ciudad mediterránea de Sagunto, bajo protección romana aunque se encontraba al sur del Ebro, fue sitiada por Aníbal, que la rindió en tan solo ocho meses. Aquello solo podía significar la guerra.

El caudillo cartaginés lo sabía, pero confiaba en el éxito de una estrategia tan temeraria como genial. El cimiento del poder de Roma se hallaba en la fértil y poblada Italia, que constituía una confederación bajo su mando. Gracias a ella, los romanos disponían de una inagotable reserva de más de setecientos mil hombres en edad militar, una cifra inalcanzable para Cartago. Había, pues, que cuartear la lealtad de los ítalos hacia Roma. Pero para lograrlo, era necesario llegar hasta ellos, y no por mar, que era imposible, pues el Mediterráneo occidental —vigilado por sus galeras— era un lago romano, sino por tierra. Solo había, pues, una manera de alcanzar Italia, siguiendo un camino tan arriesgado como lógico: cruzar los Alpes.

Los romanos no estaban preparados para semejante posibilidad. Su estrategia residía en la premisa de que los cartagineses adoptarían una posición defensiva, y preveía por ello un ataque simultáneo en Iberia, base del poder de Cartago, y en el norte de África, su suelo patrio. Así, cuando, en el 218 a. C., Aníbal descendió al fin hacia el valle del Po con apenas veinticinco mil hombres exhaustos, tras sacrificar en los terribles pasos alpinos casi la mitad de su ejército, no había allí tropas dispuestas a hacerle frente. El enemigo había entrado en casa. La que la historia daría en llamar la segunda guerra púnica había dado comienzo.

El Senado abandonó de inmediato sus planes ofensivos, pero ya era tarde. Restablecidas sus tropas, Aníbal barrió con ellas Italia, invitando a pueblos enteros a sacudirse el yugo romano y derrotando una y otra vez a los ejércitos enviados contra él. En más de una ocasión, Roma estuvo muy cerca del fin. La salvó la firme lealtad de etruscos y latinos, que no se dejaron seducir por los cantos de sirena cartagineses, y el curso de los acontecimientos en la península ibérica.

El papel de Iberia en el conflicto resultó crucial. Sirvió de base a Cartago para lanzar su ataque contra Roma; le proporcionó las tropas más avezadas y las armas más eficaces, y por ella se mantuvo segura la retaguardia del valiente cartaginés mientras duró su presencia en tierras italianas. Cuando los romanos la ocuparon, la suerte de la guerra quedó echada.

La conquista de las posesiones púnicas en Hispania no fue, sin embargo, tarea fácil. Mientras Aníbal desbarataba, uno tras otro, cuatro ejércitos romanos en el Tesino, en Trebia (ambas en el 218 a. C.), en el lago Trasimeno (217 a. C.) y en Cannas (216 a. C.), las legiones enviadas a la retaguardia cartaginesa ocupaban el nordeste, vencían a las tropas de Asdrúbal y progresaban con rapidez hacia el sur. La rebelión de los númidas, pueblo bereber aliado hasta entonces de los cartagineses, que obligó a Asdrúbal a regresar a Cartago, permitió incluso que los romanos se hicieran con Sagunto. La misma capital, Cartago Nova (la actual Cartagena), corría peligro, y con ella el dominio púnico sobre Iberia. Pero el regreso de Asdrúbal en el 211 cambió de inmediato el signo de la guerra. Reforzado con tropas enviadas desde Cartago, sus hábiles maniobras dividieron los ejércitos romanos de los hermanos Publio y Cneo Cornelio Escipión, a los que derrotó por separado ese mismo año, obligándoles a retirarse al otro lado del Ebro. Nada había cambiado. El curso de la guerra seguía beneficiando a los cartagineses.

Fue entonces cuando se puso de manifiesto la genialidad de un general romano desconocido hasta entonces. Publio Cornelio Escipión, nuevo comandante del ejército romano en Hispania, decidió renunciar a la reconquista progresiva de las tierras al sur del Ebro. En lugar de ello, se lanzó directamente contra la capital, Cartago Nova, y la tomó mediante un audaz e inesperado golpe de mano. Sin embargo, Asdrúbal fue capaz de llegar a Italia con refuerzos para su hermano. Roma se hallaba ya al límite de su resistencia. Si los dos ejércitos se unían, podía darse por hecha una nueva derrota y con ella, el fin de la misma Roma.

Pero la fortuna sonrió a los romanos, que lograron interceptar a los mensajeros de Asdrúbal y derrotarle en Metauro (207 a. C.) antes de que alcanzara las posiciones de Aníbal. Fue una victoria decisiva. Abandonada a su suerte para jugarlo todo a la carta italiana, Hispania se perdió sin que a cambio se ganara Italia. Escipión

Aníbal cruzando los Alpes, fresco del siglo XVI atribuido a Iacopo Ripanda, Museo Capitolino, Roma. La estrategia de Aníbal, construida sobre una hazaña impensable para los militares de la época, demostró su genialidad y eficacia. Sin embargo, no sería en Italia, sino en Hispania, donde iba a decidirse el resultado de la guerra.

pasó entonces a África y derrotó por completo a los cartagineses. Llamado a defender su patria, Aníbal cayó también frente al más aventajado de sus alumnos. El desastroso resultado de la batalla de Zama (202 a. C.), que puso fin al conflicto, se había gestado años antes en los campos de lo que sería Andalucía.

El conflicto había sido una verdadera guerra mundial, una lucha a vida o muerte por la hegemonía sobre el oeste del Mediterráneo entre los dos mayores poderes del Occidente, y, como no podía dejar de suceder, sus consecuencias fueron decisivas. Cartago desapareció como gran potencia y las tierras de Hispania quedaron a merced de los romanos. Como escribiera hace mucho tiempo G. P. Baker, uno de los mejores biógrafos de Aníbal, una concepción de la sociedad humana había

Publio Cornelio Escipión, llamado el Africano tras su victoria en Zama, reveló que, en ocasiones, un alumno aplicado puede llegar a superar a su maestro. Hábil estratega, no le importó sin embargo hacer correr entre sus legionarios la idea de que su general era un protegido de los dioses.

triunfado sobre otra muy distinta. La unidad construida sobre la comunidad de ideas y valores, asentada sobre lo que para muchos es ya un firme sistema constitucional, se reveló más fuerte que la simple unidad de sangre. La nación política se había impuesto sobre la nación étnica. Occidente había triunfado sobre Oriente.

Pero en Hispania, la comunidad política romana hubo de enfrentarse a una potencia construida sobre bases bien diferentes, un ente amorfo, disperso, múltiple, unido tan solo por la voluntad de rechazo del extranjero, pero potencia al fin. Roma pareció, al principio, un poco más benévola que Cartago, pero enseguida probaría que su rapacidad no era menor. Por ello, los indígenas se apresuraron a mostrar su repulsa hacia sus nuevos dueños. Primero se alzaron los ilergetes, habitantes de las

Conquista romana de Hispania. A diferencia de lo ocurrido en otros territorios como la Galia, que fue sometida en el transcurso de unas pocas campañas, la conquista de Hispania requirió casi dos centurias, entre el 205 a. C., fecha de la derrota cartaginesa en la península, y el 19 a. C., año en el que Agripa culmina con éxito su campaña contra los pueblos cantábricos.

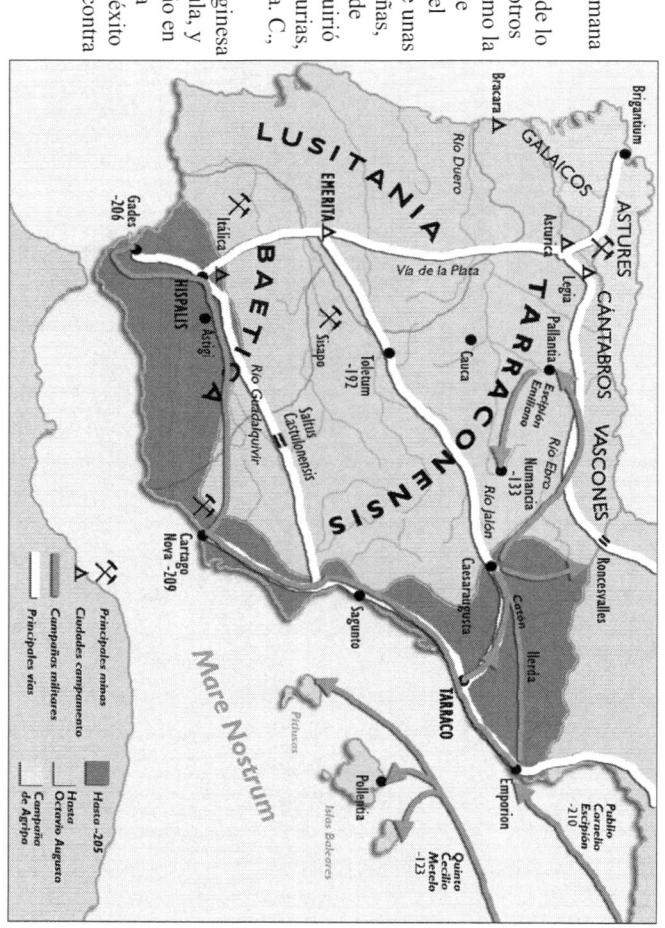

actuales provincias de Lérida y Huesca, cuyos jefes, Indíbil y Mandonio, habían entendido la relación con Roma tan solo como un pacto de lealtad personal hacia Escipión, no hacia el Estado que representaba. La sangre corrió de inmediato. Pero solo era el comienzo. Entre los años 206, fin de la presencia púnica en Hispania, y 123, fecha de la rendición de las Baleares, los romanos no conocieron la paz. Los continuos ataques indígenas, sumados a la creciente ambición de los terratenientes que imponían su voluntad al Senado, llevaron a las legiones a internarse más y más en la Meseta. El territorio conquistado iba así ampliándose, mientras la plata y los esclavos afluían a Roma al precio de espantosas carnicerías, y la mera explotación económica dejaba paso a una presencia cada vez más organizada en lo político y lo administrativo. Rendidos al fin ante Roma los celtíberos y los lusitanos, habitantes estos últimos en esencia del actual Portugal, Hispania quedaba ya, sin más excepción que el brumoso norte, hogar de los indómitos vascones, cántabros y astures, incorporada al mundo romano.

Por ello, la difícil metamorfosis que, por obra de sus ingentes conquistas, sufre la ciudad del Tíber en el último siglo antes de la era cristiana no podía dejar de afectar también a nuestra tierra. En Italia, la guerra incesante que exigía la continua expansión territorial produjo la ruina del pequeño campesino, incapaz de competir con el trigo barato que producían las grandes fincas explotadas por esclavos, compradas a precio de saldo en las provincias conquistadas. Los labradores vendían así su tierra, haciendo aún más ricos a los latifundistas, y emigraban a Roma, donde se acostumbraban a los repar-

Muerte de Viriato, por José Madrazo (1808), Museo del Prado, Madrid. El caudillo lusitano (180-139 a. C.) ha pasado a la historia como símbolo de la resistencia heroica de los pueblos ibéricos frente al invasor romano, al que mantuvo en jaque durante siete años valiéndose de la guerra de guerrillas.

tos gratuitos de trigo que los aspirantes a las magistraturas practicaban sin tasa, y a los espectáculos que estos organizaban para las masas cuyo voto esperaban comprar. Mientras, las legiones se profesionalizaron. Arruinados los campesinos, el soldado no podía ser ya un ciudadano que se costeaba su impedimenta y regresaba a sus fincas al llegar el otoño. Los nuevos legionarios serían los hijos del proletariado romano, que cobraban por su servicio y recibían a su término un lote de tierra en los países conquistados. Motivado de ese modo, el soldado, que, además, se beneficiaba a menudo de generosos repartos del botín arrancado al enemigo, pronto colocó la lealtad hacia su general por encima de la fidelidad al Estado. Desde ese momento, la suerte de la República estaba echada.

Pero la agonía del régimen republicano había de durar más de una centuria. Las conquistas se hicieron tan rápidas y continuas, que los generales victoriosos solían coincidir en el tiempo, de forma que sus ambiciones encontradas ejercían de contrapeso, protegiendo a la constitución romana del peligro de la dictadura. Sin embargo, las luchas políticas complicaban la cuestión. Roma se encontraba cada vez más dividida entre los *optimates,* partidarios de la oligarquía dirigente, y los *populares*, que pretendían frenar el empobrecimiento de las masas. Cada partido trataba de ganarse para su causa a un general victorioso, pero lejos de plegarse a sus designios, estos terminaron por liderarlos, y la lucha en la arena política se trasladó pronto al campo de batalla.

En tres guerras civiles sucesivas se enfrentaron los generales romanos, dirimiendo en apariencia la lucha entre el Senado y las asambleas populares, disputándose en la práctica el señorío sobre el mundo, pues la autoridad política no era ya más que el fruto del poder militar. Y en las tres guerras, forzada, ofreció Hispania su suelo o sus recursos a los contendientes.

La primera de ellas, entre los años 84 y 82 a. C., trajo la derrota del popular Cayo Mario a manos del aristócrata Lucio Cornelio Sila. Aupado este a la dictadura personal, se refugió en Hispania Quinto Sertorio, partidario del primero. Hábil comandante y capaz organizador, comprendió el potencial que ofrecía la península ibérica si la voluntad indomable de sus pueblos, aún rebeldes a Roma, encontraba un líder capaz de merecer su devoción. Sertorio supo ganársela y soñó hacer de Hispania el arma que devolvería la vida a la República democrática.

Durante ocho años, desde el 80 hasta el 72, dio forma a su sueño. Modeló instituciones copiadas de su patria; nombró senadores y ungió magistrados; vistió la toga a los padres y enseñó latín a los hijos; se defendió de los ejércitos senatoriales, y derrotó una y otra vez mediante emboscadas y guerrillas a los más competentes generales romanos. Solo la traición pudo con él, y su caída arrastró consigo la conciencia indígena y sacrificó para siempre al iberismo en el altar de la romanidad.

La segunda guerra civil reclamó de Hispania un protagonismo aún mayor. César y Pompeyo, sus dos actores principales, habían regido antes alguna de sus provincias, dejando en la península ibérica tras su marcha ricas clientelas a las que reclamar después los favores prestados. Luego, mientras César se esforzaba en ganar la Galia para Roma, Pompeyo recibía del Senado la seguridad de una dictadura sin el nombre llamada a proteger sus intereses de las aspiraciones del pueblo, que había vuelto sus ojos hacia César. Advertido este del peligro que corría, traspasó con sus legiones el Rubicón, frontera simbólica de Italia que, de acuerdo con la ley, los generales no podían cruzar con sus tropas. Sorprendidos por completo los pompeyanos, el audaz comandante se apoderó de Roma y de Italia, y obligó a huir a su enemigo. Entonces, en lugar de perseguirlo hasta Grecia, arriesgándose a dejar intacta a sus espaldas toda la fuerza que Pompeyo conservaba en la Hispania, se lanzó contra las siete legiones que poseía allí; derrotó a su lugarteniente Afranio en Ilerda (49 a. C.), y se erigió en dueño de la península.

Asegurado su poder en Roma, es ahora cuando persigue a su enemigo y lo humilla en la batalla de Farsalia, en el 48 a. C. Muerto al poco Pompeyo en Egipto, donde había huido en busca de asilo, y pacificado el Oriente, el conflicto podría haber concluido. Pero Hispania se resiste. Las poblaciones romanas e indígenas, irritadas por la rapacidad del gobernador cesariano, llaman en su ayuda a los hijos de Pompeyo, Cneo y Sexto, y prenden de nuevo la llama de la guerra en la península, que solo concluye cuando la derrota de Munda, en el 44 a. C., termina con las esperanzas de los pompeyanos.

Pero aún sería necesaria otra guerra para dar la puntilla a la moribunda República. Asesinado César sin tiempo apenas de saborear las mieles del poder absoluto y derrotados en Filipos (42 a. C.) los nostálgicos de la vieja constitución romana, el entendimiento inicial entre los herederos del gran hombre deja pronto paso a una lucha fratricida en la que los tres protagonistas, Marco Antonio, Lépido y Octavio, se sucedieron en el control de Hispania, sin llegar nunca a enfrentarse en su suelo. Esta tercera guerra civil será, no obstante, la última. Su desenlace, el triunfo absoluto de Octavio, pronto proclamado Augusto, concluye la agonía de la República y da vida a una dictadura militar disfrazada bajo ropajes civiles: el Imperio.

Y será Augusto el llamado a culminar la conquista romana de Hispania. Harto de las correrías de cántabros y astures, y seducido por la riqueza metalífera de sus tierras, el flamante emperador conduce en persona una campaña en el norte. Pero es solo el principio. Diez años de lucha, hasta el 19 a. C., requerirá Agripa, el más fiel de los generales de Augusto, para poner fin a las guerras en Hispania. La presencia en ella de Roma era ya un hecho irreversible.

Y TRAS LA ESPADA, LA TOGA

Más de dos siglos necesitaron, pues, los romanos para apoderarse de Hispania, pero mucho menos les costó implantar en ella la eficaz organización administrativa, económica y social que les caracterizaba. Apenas iniciado el siglo II a. C., una línea imaginaria trazada desde Urci (la actual localidad almeriense de Benahadux), avanzaba hacia el noroeste, atravesando el paso de Despeñaperros, para perderse en el interior de la Meseta, en busca de un océano que tardaría aún un tiempo en alcanzar. A ambos lados de ella nacieron las primeras provincias romanas: la Citerior, en el más próximo a Roma, que tenía su capital en Cartago Nova, y la Ulterior, en el más alejado, que era gobernada desde Corduba, la hoy ciudad andaluza de Córdoba.

Al frente de cada una de ellas, el Senado colocaba a un gobernador anual con el título de *pretor*. Magistrados encargados de impartir justicia ejercían también el mando de la legión acantonada en su territorio —entre cinco y seis mil hombres y un número algo menor de tropas auxiliares indígenas— y su administración general. Pero no era el bien de sus administrados lo que inspiraba su gestión. Durante su mandato, los pretores, que llegaban a su destino acompañados de un *cuestor* encargado de las finanzas, buscaban ante todo explotar al máximo, en su beneficio y en el de Roma, las riquezas de la provincia. En la práctica, semejante actitud conducía a una guerra continua. En el interior, las legiones servían de policía que garantizaba el cobro de unos tributos tan elevados que hacían inevitable una sublevación tras otra; en las fronteras, se erigían en instrumento imprescindible para ampliarlas. El resultado de ambos procesos era el mismo. La victoria regalaba a Roma, y a sus servidores más conspicuos, tierras y esclavos que los enriquecían sin cesar, animándolos a imponer nuevos tributos y proyectar nuevas conquistas. La guerra, incesante, se alimentaba de sí misma.

Por ello, las dos provincias hispanas pronto se quedaron pequeñas. Entre el año 27 y el 14 a. C., Augusto dividió la Ulterior en dos, una al sur del Guadiana, la Bética, con capital en Corduba, y la otra al norte, la Lusitania, que la tenía en Emerita Augusta (Mérida). Por su parte, la antigua Citerior, incluyendo ahora las islas Baleares, cambió su nombre por el de Tarraconense, que tomó de Tarraco, la actual Tarragona, su capital. Además, la Bética, ya bastante rica y romanizada, quedó bajo la administración del Senado, que la gobernaba mediante un procónsul, mientras las otras dos pasaban al control directo de Augusto, que nombraba para administrarlas sendos legados.

Mientras, la administración se hacía más compleja. Las provincias se dividieron en *conventos jurídicos,* demarcaciones judiciales que desempeñaron también funciones como el reclutamiento de tropas o la difusión del culto imperial. Pero el papel protagonista del entramado administrativo correspondía a las ciudades. Ellas eran la punta de lanza de la penetración romana y su instrumento más útil para la asimilación cultural de los indígenas. Allí donde imperaban aún las instituciones y las creencias autóctonas no había ciudades, sino *populi,* territorios sometidos a la jurisdicción de un núcleo de población con escasa presencia romana. Cuando esta aumentaba, los *populi* se convertían en *civitates,* que convivían con las que los propios romanos sembraban por doquier, entretejiendo una verdadera red urbana. Su densidad y los derechos civiles y políticos de sus habitantes marcaban el grado de romanización alcanzado.

La ciudad romana de provincias imitaba, a escala reducida, las instituciones de su modelo. El lugar del Senado lo ocupaba el Consejo, integrado por un centenar de opulentos oligarcas, los *decuriones*. Existía también una Asamblea, casi decorativa, de la que formaban parte todos los varones con derechos de ciudadanía. Dos magistrados anuales, los *duumviri*, encarnaban el poder ejecutivo, mientras los ediles se afanaban en el embellecimiento, la limpieza y el orden de la ciudad, y los cuestores se ocupaban de la administración de sus fondos. Los sacerdotes, agrupados en colegios, dirigían el culto religioso. Y un ejército de empleados y esclavos públicos se ocupaban como contables, escribientes, carteros, albañiles, pregoneros o vigilantes.

Para sufragar tales gastos, las arcas municipales contaban con escasos ingresos, poco más que las multas y los exiguos alquileres de las tierras públicas. Eran los ciudadanos más ricos, en especial aquellos que albergaban aspiraciones políticas, quienes donaban de continuo a la ciudad el dinero con el que se financiaban los espectáculos públicos, la erección de monumentos o la construcción de termas, teatros y acueductos.

LATIFUNDIOS Y MINAS

Y mientras las ciudades crecían y se multiplicaban, la economía de Hispania se transformaba. Aunque no dejó nunca de ser una colonia, que servía a Roma como fuente de materias primas y mercado para los bienes de lujo procedentes de sus talleres, recibió también de ella importantes beneficios. Sus recursos fueron explotados mediante las técnicas más avanzadas de la época; sus campos se cubrieron de calzadas que comunicaban las ciudades y puertos más importantes, y con su concurso, bien que impuesto, entró de lleno, a pesar de su posición periférica, en una economía globalizada que se extendía ya desde las frías estepas del norte de Europa a los exóticos mercados de Extremo Oriente.

La agricultura y la ganadería eran las actividades principales, aunque solo en las tierras más romanizadas y ricas del sur y el este se abrió paso una explotación sistemática de los recursos del agro. Vastos latifundios trabajados por esclavos cubrieron los campos de la Bética y lo que hoy es la huerta valenciana. Con ellos se extendieron los canales de riego, los frutales injertados, el trillo o el arado. Y de su mano fue creciendo una agricultura de exportación que tenía en los cereales, el vino y el aceite sus productos más destacados. Ajenas a este progreso, las tierras menos fértiles de la Meseta y el norte quedaron en manos de las comunidades indígenas, más dadas casi siempre al pastoreo que a la agricultura, o de los legionarios licenciados menos afortunados en el reparto de las parcelas.

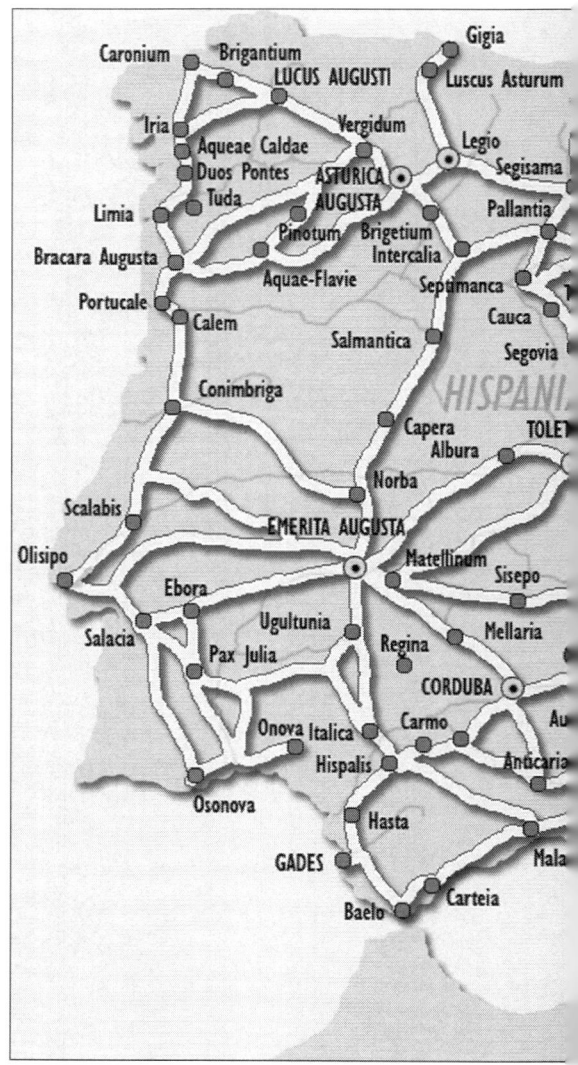

Las principales calzadas romanas en Hispania. Muy acertadas en su trazado y de gran solidez en su construcción, permitían una comunicación rápida en relación con la tecnología de transporte disponible en la época y actuaban como catalizador del crecimiento económico de las provincias. La decadencia de Roma se manifestó enseguida en el deterioro de las vías y en el consecuente aislamiento y muerte de las ciudades.

PRINCIPALES CIUDADES Y VÍAS DE COMUNICACIÓN EN HISPANIA

Pero si el desarrollo de la agricultura fue importante en la Hispania romana, no lo fue menos el de la minería y la salazón. La plata y el plomo de Cástulo, cerca de la actual Linares, en Jaén; el mercurio de Almadén, Saesapus para los romanos; el cobre y el estaño onubenses, el oro gallego y el hierro septentrional brotaban de unas minas explotadas con técnicas muy avanzadas, que el Estado entregaba en concesión a financieros ávidos de recuperar las cuantiosas cantidades que adelantaban al Erario. Más humilde en apariencia, la salazón de pescado, que contaba en las costas andaluzas con una secular tradición, se benefició también del gusto romano por las salsas de sabor intenso. El *garum,* elaborado a partir de vísceras maceradas de atún, esturión o caballa, dio origen a una verdadera industria de importante potencial multiplicador. La fabricación de barcos, redes y aparejos necesarios para la pesca; la extracción de la sal que requería su conservación y el modelado de las vasijas de cerámica destinadas a su almacenaje y transporte daban empleo a miles de trabajadores.

Inundados los puertos de Italia de cereales, aceite, vinos, metales y salazones de origen hispano, no es de extrañar que, en retorno, los denarios así obtenidos se gastaran en productos de lujo destinados a regalar la cómoda existencia de la oligarquía propietaria de los campos y factorías. Bellísimos mosaicos y ricos tapices orientales, exquisitas cerámicas griegas, bronces y joyas de Alejandría, vinos del Egeo y de Campania, e incluso exóticas aves tropicales, arribaban a los puertos hispanos prontos a satisfacer los caprichos de la clase ociosa.

SEÑORES Y ESCLAVOS

Y es que la Hispania romanizada tardó bien poco en imitar las formas sociales de la metrópoli, si bien con los límites marcados por la persistencia de lo indígena. Allí donde la penetración de lo romano fue menor o más tardía, como en las zonas de la Meseta y el norte, las costumbres autóctonas se mostraron más resistentes. Pero era cuestión de tiempo, pues la asimilación no dejaba de progresar en todas partes. El modelo romano basado en la desigualdad legal entre grupos sociales, la autoridad del varón sobre la esposa y los hijos, y la personalidad jurídica de los lazos entre familias emparentadas terminó por imponerse. Ayudaron a ello la fundación de colonias de legionarios licenciados, que solían contraer matrimonio con mujeres indígenas; la extensión de la ciudadanía entre las élites locales, que veían en Roma a la garante de su preeminencia sobre los humildes, y su concesión a ciudades enteras. Y de aquel crisol nació a la postre una sociedad compleja en la que el estatuto jurídico de las personas y los territorios podía ser muy diverso.

La frontera más nítida separaba a esclavos y hombres libres. El siervo era poco más que una herramienta parlante, sin derecho reconocido alguno, pero su condición real podía variar mucho como fruto de su propia formación y del carácter de su amo. Además, era frecuente que este, casi siempre en su testamento, concediera la libertad a sus esclavos, que, convertidos en libertos, quedaban vinculados a su familia, obligada a mantenerlos a cambio de ayuda y respeto.

Pero no menos importantes eran las distinciones que nacían en el seno de los hombres libres, en especial entre ciudadanos y no ciudadanos. Mientras estos, fueran ricos o pobres, no tenían más derechos que los civiles, aquellos poseían también los políticos. Solo ellos participan en la toma de decisiones en el ámbito municipal, se reservan la facultad de apelar a los tribunales romanos, y se ven libres de sufrir castigos de índole corporal. No sorprende, pues, el interés con que los varones privados de ciudadanía aspiraban a ella, aunque poco podían hacer para lograr algo que, si no se poseía de nacimiento, solo se obtenía como resultado del favor personal de quienes —generales o magistrados— tenían el poder para concederlo.

Dentro de los ciudadanos existían, no obstante, diferencias enormes. En sus filas militan tanto los opulentos terratenientes, comerciantes y financieros como los miserables que subsisten de la caridad individual o pública, y, a medio camino entre ambos grupos, trabajadores humildes y artesanos de pasar holgado, cuyo nivel de vida superaba con mucho, en duración y comodidades, al de un obrero industrial del siglo XIX. Pero incluso entre los propios ricos se establecen fronteras marcadas por el origen y la magnitud de sus bienes: los órdenes.

Estos órdenes eran tres: el *senatorial,* integrado por propietarios de tierras, y solo tierras, suficientes para garantizar una renta anual de al menos un millón de sestercios*; el *ecuestre,* o de los caballeros, en el que militaban los beneficiarios de ingresos de al menos cuatrocientos mil sestercios al año, procedentes o no de la tierra, y el *decurional,* formado por las oligarquías locales.

Los primeros se sentaban en el Senado, monopolizaban las magistraturas romanas y mandaban ejércitos y provincias; los segundos poseían el poder financiero e industrial del Imperio, y los últimos debían conformarse con el Gobierno municipal.

Hispania contó al principio con escasos ciudadanos, pero su número fue creciendo gracias al pago de favores políticos, la herencia y, con el tiempo, los decretos imperiales que extendieron tal condición a todos los hombres libres. Más tarde aumentaron también las filas de los decuriones y caballeros, crecidos al calor del comercio y la industria. El primer cónsul de origen hispano, que fue también el primero nacido en provincias, fue nombrado en el 40 a. C., aunque hubo que esperar algo más para que la misma Roma tuviera un amo nacido en la península. Trajano y Adriano, en el siglo II, y Teodosio, en el IV, vieron la primera luz en Hispania, encumbrada ya al puesto de honor entre las provincias romanas.

DE JÚPITER A CRISTO

No tardó mucho la cultura romana en arraigar con fuerza en la Iberia indígena, heterogénea, pero en camino ya hacia una cierta unidad por obra de fenicios y griegos. Primero triunfó el latín y con él, el pensamiento y las costumbres, la religión y el arte de los romanos se impusieron poco a poco, al principio solo en el seno de la clase dirigente, más tarde entre grupos sociales más amplios. Prueba de ello es la rapidez con la que los hispanos pasaron de la simple asimilación a la producción cultural en toda regla. Ya en el siglo I a. C., Columela, amante de la botánica y la agricultura, Pomponio Mela, geógrafo pionero de las tierras europeas, y, sobre todo, Séneca, precoz teórico del buen gobierno, enriquecieron el acervo cultural de Roma. Casi al mismo tiempo, Lucano narraba en su *Farsalia* los avatares de la guerra entre César y Pompeyo; Quintiliano descollaba en el arte de la palabra, y fustigaban los *Epigramas* de Marcial los vicios de su época. Y fue solo el comienzo. Más tarde, entre los siglos IV y V de nuestra era, sumida ya Roma en la decadencia, la monja Egeria describía con viveza su peregrinar a los Santos Lugares, y Prudencio, cristiano nostálgico de la brillante cultura pagana, elevaba de nuevo el estandarte de los clásicos vertiendo en odres cristianos la poesía de Horacio y Virgilio.

Más difícil resultó la penetración de la religión romana. La retirada de los viejos dioses fue pausada y desigual, pues la tolerante Roma no quiso nunca imponer sus divinidades, sino que absorbió las ajenas o trató de asimilarlas a las suyas propias. Y así, mientras en las regiones más avanzadas se levantaban templos a los dioses romanos, en las tierras del interior pervivieron durante siglos los viejos cultos indígenas. Solo poco a poco la convivencia fue vistiendo a los dioses autóctonos con ropajes romanos, aunque a menudo sin transformar otra cosa que su apariencia. Pero ya entonces, soldados y comerciantes, cansados de la prosaica religión estatal y deseosos de seguridad frente a un mundo que cambiaba demasiado deprisa, volvían sus ojos hacia Oriente y traían a Hispania sus cultos intensos y misteriosos.

A largo plazo, sin embargo, las religiones orientales no tuvieron otra importancia que la de servir de puente para la llegada del cristianismo, que cruzó el estrecho de Gibraltar y penetró en la península hacia el siglo III. Viajó, como sus predecesores, en el petate de los soldados que cambiaban de destino, o en la bodega de los barcos que, como siempre han hecho, traían, junto a sus mercancías, ideas y modas nuevas del otro lado del mar. Se extendió desde los puertos hacia el interior, primero en las ciudades, más tarde en el campo. Pero, fuera como fuese, sabemos que el número de cristianos no dejó de crecer.

Y cuando, olvidadas ya las terribles persecuciones del siglo III, la tolerancia de Constantino, primero (Edicto de Milán, 313), y la oficialidad de Teodosio (Edicto de Salónica, 380), después, aseguraron al cristianismo la protección del Estado romano, Hispania le proporcionó también figuras de importancia. Hacia el 325, un hispano, el obispo cordobés Osio, presidía el Concilio de Nicea, embarcada ya la Iglesia en su deseo de perpetuar su hegemonía sobre las conciencias. Y ya empezado el siglo V, Orosio, discípulo de san Agustín, ganaba notoriedad con sus decididos ataques contra el paganismo y las herejías.

LA AGONÍA DEL IMPERIO

Buena parte del éxito del cristianismo se debió al contexto en que se produjo su expansión: la decadencia que presagiaba, desde el crepúsculo del siglo II, el fin del

Villa romana de Carranque (Toledo). Las villas romanas bajo imperiales, virtualmente inaccesibles a los recaudadores de impuestos, se convirtieron en economías cerradas que producían cuanto necesitaban. En ellas se encuentra el precedente más claro del señorío medieval.

mundo romano. Aunque la agonía fue lenta, y el enfermo pareció en ocasiones recuperarse, el mal que sufría era irreversible. En realidad, el virus que infectaba el cuerpo de Roma era el mismo que tiempo atrás le había proporcionado su energía: la esclavitud.

Los esclavos habían ofrecido al Imperio en expansión una mano de obra barata e inagotable mientras el ritmo de las conquistas fue capaz de garantizar su suministro. Sin embargo, privados de salario, apenas consumían otra cosa que alimentos, contrayendo así sin remedio el volumen de la demanda interna. Este hecho, sumado a su bajo precio, actuaba también como freno para las innovaciones técnicas. A la larga, ambas limitaciones bloqueaban las expectativas de un crecimiento sostenible de la economía. El sistema podía seguir creciendo hacia afuera mientras siguiera nutriéndose de botines, tierras, mercados y esclavos, pero cuando, tras las victorias del emperador hispano Marco Ulpio Trajano sobre los dacios y los armenios, en los primeros años del siglo II, la expansión se detuvo, las contradicciones del esclavismo se manifestaron en toda su crudeza y la economía comenzó a debilitarse.

Y esa economía debilitada hubo de hacer frente a una presión creciente de los bárbaros en los límites del Imperio. Roma reaccionó cubriendo de fortificaciones el Danubio y el Rin, frontera de los pueblos germanos; asegurando las defensas orientales ante la amenaza del renacido Imperio persa, y vigilando de cerca a los nómadas saharianos, siempre atraídos por la feracidad de las tierras ribereñas del Mediterráneo. Mientras, el tamaño y el coste del Ejército se disparaban.

Semejante presión no podía sino agravar la situación económica. Más gastos significaban mayores tributos, y más soldados equivalían a menos mano de obra, precisamente cuando la disminución del número de esclavos que llevaba aparejada el fin de las conquistas la hacían más necesaria que nunca. La alteración de la ley de las monedas, burdo recurso para ahorrar oro y plata sin reducir su valor facial, agravó aún más la crisis. La confianza de las gentes en el dinero disminuyó, favoreciendo el atesoramiento de la moneda vieja, que se sabía pura, acelerando el gasto de la nueva, e impulsando de este modo la subida de los precios.

Los talleres y las fábricas, privados de clientes, faltos de mano de obra y agobiados por los impuestos, empezaron a cerrar, mientras el comercio se contraía y las ciudades se iban despoblando. De ellas huyeron en primer lugar las clases más pudientes, aplastadas por el peso creciente de las obligaciones que el Estado les imponía. Después lo hizo la mayoría de sus habitantes, que, víctimas del desempleo y de los voraces recaudadores imperiales, escapaban al campo en busca de refugio en las grandes villas* de los terratenientes reencontrados con su tradición agraria.

Las villas se convirtieron entonces en economías cerradas capaces de producir cuanto necesitaban. Aisladas del mundo, cerraban sus puertas a los agentes del fisco y ofrecían a los refugiados un terruño del que subsistir a cambio del compromiso de permanecer en él y entregar cada año una parte de la cosecha. Mientras, las clases medias se extinguen poco a poco. Entre la oligarquía de terratenientes, obispos, y altos funcionarios y la gran masa de esclavos, artesanos empobrecidos y campesinos atados a la tierra apenas existe ya nada.

Roma moría. Y si lo hacía, Hispania no podía subsistir. Su economía, por completo dependiente de la exportación a los mercados romanos, languidecía sin clientes a los que abastecer. Del intenso comercio de otras épocas quedan ahora tan solo algunas cargas de aceite, salazones y metales que, de tanto en tanto, embarcan hacia el este. Los productos de lujo llegan todavía, pero a menudo como resultado de un simple trueque que para nada necesita una moneda cada día más escasa. No queda otra opción que adaptarse a los cambios.

Dado que los productos agrarios apenas cuentan con salida en los mercados itálicos, no tiene ya sentido producir para ellos. El monocultivo de cereal, olivo o vid deja paso a una mayor diversificación, que piensa más en el necesario alimento de los cada vez más numerosos habitantes de las villas que en la venta de las cosechas. La tríada mediterránea convive ahora con el pastoreo de los rebaños, el cuidado de los bosques e incluso la caza. Cerrados los talleres urbanos, las villas acogen también artesanos que satisfacen sus necesidades de aperos de labranza, herramientas, vasijas y telas. Los artistas, antes ocupados en plasmar en sus obras la grandeza de una civilización urbana y comercial, se rebajan ahora al papel de simples decoradores domésticos que cubren las villas de mosaicos y frescos. La industria conservera, antaño pujante, se contrae. Muchas minas se cierran. El tiempo de la prosperidad ha pasado.

Es cierto que esas penas no pesan por igual sobre el conjunto de los hispanos. Para la gran mayoría de los esclavos, convertidos ahora en colonos que trabajan su diminuta parcela a cambio de una parte de la cosecha, la situación apenas ha empeorado. De hecho, no ha hecho más que equipararse a la de los incontables campesinos que, atemorizados por igual por recaudadores y bandidos, optan por acogerse a la protección de un terrateniente, convertido a cambio en propietario de sus tierras, a las que quedan atados de por vida. Y no es muy distinta su condición de la del artesano huido de la miseria urbana y refugiado también tras los protectores muros de la villa, a un tiempo cárcel y fortaleza. Otros, en fin, conducidos a la desesperación por la política fiscal opresiva y la miseria creciente, se niegan a ceder sus tierras a los latifundistas y nutren las filas de un verdadero movimiento revolucionario que dice luchar por la justicia social. Los violentos *bagaudas**, que descargan sus iras contra la oligarquía terrateniente, o los seguidores del herético obispo Prisciliano*, que denuncian la nefanda alianza de la Iglesia con los poderosos, no son sino dos caras del mismo fenómeno. La caída de Roma aplasta, más que a nadie, a los humildes.

Pero antes, el Imperio trata de revolverse contra la muerte que lo atenaza. Diocleciano, primero, y Constantino, después, intentan, a caballo entre los siglos II y III, devolver a Roma la grandeza perdida. Sus reformas, enérgicas, pero inconscientes, se extienden a todos los ámbitos. La moneda se fortalece, los impuestos aumentan, el Ejército se reorganiza, la Administración se transforma. Pero algunas medidas son erróneas y otras llegan demasiado tarde. La economía, exangüe, no se recuperará a resultas de una mayor presión fiscal o de la adscripción forzosa de los hijos a los oficios de los padres. La reorganización del Imperio, dividido entre Oriente y Occidente, no es sino una confesión de lo imparable de las fuerzas disgregadoras que solo consigue sobrecargar aún más con una costosa burocracia las extenuadas finanzas de Roma. Hispania, convertida en el 298 en *diócesis* dependiente de la prefectura de la Galia, una de las dos en que ha quedado dividido el Imperio romano de Occidente, llegará a contar con siete provincias, al sumarse a las viejas circunscripciones de la Bética, Lusitania y Tarraconense las ahora creadas de Gallaecia, Cartaginense y Baleárica, e incorporarse a su dependencia la provincia norteafricana de Mauritania Tingitana. Al

Breve historia de España I: Las raíces

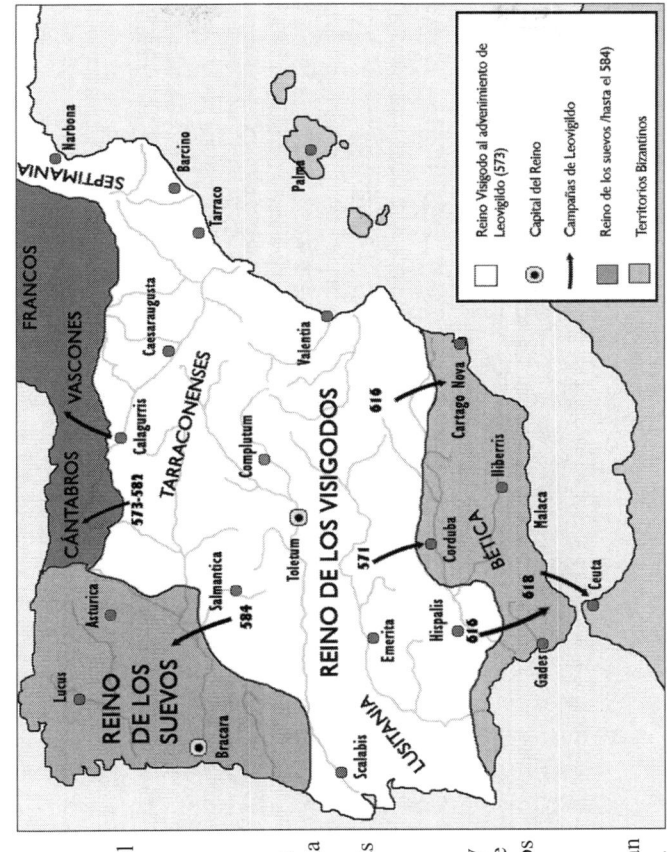

En el último cuarto del siglo VI, Leovigildo intentó alcanzar la unidad territorial de Hispania que los visigodos no habían sido nunca capaces de imponer. Aunque dicha unidad no se lograría hasta algo más tarde, el concepto de Estado que revelaba, dotado de unas fronteras claras y definidas, muestra que los monarcas visigodos se consideraban ya soberanos de un reino y no de un pueblo, como lo habían sido tradicionalmente.

81

frente de la *Diocesis Hispaniarum,* un vicario representaba la autoridad civil y militar del prefecto sobre el territorio peninsular, como los gobernadores, auxiliados en ocasiones por *comes* con funciones militares, lo hacían en cada provincia.

No sirvió de nada. El colapso de la economía hispana no se detuvo y el enorme esfuerzo fiscal que sus habitantes hubieron de soportar no bastó, a pesar de las torres y murallas que se extendieron por doquier y de la ubicua presencia de los ejércitos, para preservar las fronteras del ataque cada vez más decidido de los bárbaros. Ya en el siglo III, los francos y alamanes llegaron con sus correrías a los campos de la Tarraconense. En el 409, tan solo un año antes de que la otrora orgullosa Roma sufra el humillante saqueo de los visigodos de Alarico, suevos, alanos y vándalos, originarios de las lejanas y abigarradas tierras del Rin y del Danubio, arrasan la península. Impotentes ante la furia germánica, los césares recurren entonces a otros bárbaros para tratar de someter de nuevo a sus designios la vieja provincia. Durante décadas, Hispania sirve de escenario a luchas continuas que devastan sus campos y terminan de arruinar sus ciudades.

Por fin, los visigodos, aliado ahora, en el 418, su rey Walia con el emperador Honorio, aniquilan a los alanos y a los vándalos silingos y regresan a sus hogares del sur de la Galia. Once años después, los vándalos asdingos cruzan el estrecho en dirección a África, donde su rey Genserico sienta las bases de un Estado tan temible como efímero. Pero no es más que una solución temporal e incompleta. Los suevos no han sido derrotados y sus correrías continúan asolando la Hispania romana. La

Tarraconense, que se mantiene libre de sus *razzias,* sufre bajo la continua rebeldía de los bagaudas. Por ello, derrotado al mediar el siglo v el rey huno Atila a las puertas de Roma, son llamados de nuevo los visigodos a la península. Las tropas del rey visigodo Teodorico II vencen a los suevos y los recluyen en sus tierras gallegas, en el 456, mientras la utópica rebeldía campesina de los bagaudas debe inclinarse ante la razón violenta de las armas, dirigidas tan solo contra los que pretenden alterar el orden establecido. Las clases acomodadas, por su parte, tardan bien poco en ver en los antes odiados bárbaros la única garantía eficaz de sus intereses. Una nueva era está a punto de comenzar.

EL LEGADO DE ROMA

El fin en el año 476 del Imperio romano de Occidente, que se tiene habitualmente como inicio de la Edad Media, no significó la muerte de la romanidad. Los visigodos eran pocos, apenas un par de cientos de miles entre una población de millones. Su intención inicial, asentarse en enclaves aislados, viviendo de sus rebaños y de las contribuciones impuestas a los hispanos; gobernarse por sus leyes consuetudinarias, dejando a los romanos el consuelo de su derecho; conservar, sin estorbar el culto católico, sus creencias arrianas*, que rechazaban la divinidad de Cristo, y ejercer el poder político sin alterar el orden social, pronto se revela insensata. Lo es, en primer lugar, porque el auge de la potencia franca en la Galia, encarnado en el 507 en la derrota sin paliativos del rey Alarico II, fuerza a los visigodos a trasladar el centro de gravedad de su reino a Hispania, abandonando a los francos el señorío de las Galias con la sola excepción de la Septimania, en el sur de aquel país. Y lo es, sobre todo, porque la superioridad evidente de la cultura latina atrae con irresistible energía al pueblo ocupante. Poco a poco, los más clarividentes de sus líderes terminarán por comprender que frente una población superior en número y en cultura no cabe el aislamiento. La historia de estos primeros siglos del Medievo en Hispania será así la crónica de la romanización de los visigodos.

El proceso, no obstante, será lento y discontinuo, y el avance en sus distintas facetas nada parejo. Solo el latín se impone por sí mismo. La reconstrucción de la unidad territorial de Hispania, sin embargo, llevará más de un siglo de pertinaz esfuerzo. Iniciada en el siglo VI por el rey Leovigildo, triunfador sobre suevos y vascones, solo quedará completada cuando, bien entrado ya el siglo VII, otro monarca, Suintila, expulse de Andalucía a los bizantinos* empeñados en reconstruir en Occidente el Imperio romano, que ya habían continuado ellos mismos en Oriente.

La unificación religiosa no será tampoco fácil. El mismo Leovigildo intuye ya su valor como herramienta para afirmar la inviolabilidad del trono frente a las ambiciones de los nobles. Pero, errado el monarca en la religión escogida, será su hijo Recaredo quien la alcance. Renunciando al delirante deseo de imponer el arrianismo a la aplastante mayoría de católicos y convirtiéndose él mismo a la fe romana (III Concilio de Toledo, 589), sutura al fin la herida del enfrentamiento religioso y hace de los obispos el mejor sostén de una monarquía cada vez más empeñada en afirmar su autoridad.

Resta tan solo para dar por concluido el proceso de construcción de un Estado hispanovisigodo derribar las barreras jurídicas establecidas por los primeros monarcas godos entre ocupantes y ocupados. Una vez más, es Leovigildo quien da los primeros pasos eliminando la prohibición de los matrimonios mixtos y derogando la vigencia de los primeros códigos legales segregadores. Pero el proceso solo alcanza su culminación cuando el *Liber Iudiciorum* de Recesvinto, ya en el siglo VII, se erige en único texto legal válido tanto para romanos como para godos, sin distinción de fueros. Desde entonces, unos y otros, aunque no por mucho tiempo, solo conocerán una lengua, una ley, una fe y un soberano.

Con todo ello, los visigodos se encumbraban al primer puesto entre los reinos nacidos de las cenizas de Roma. Pero gran parte de su fuerza era mera apariencia. Su Estado, sólido a simple vista, se asienta sobre fundamentos frágiles. El poder del rey, más allá de sus sonoros títulos y de los símbolos externos de su autoridad, heredados de Roma, es siempre débil. La magnificencia del Aula Regia, consejo asesor del rey, y la modernidad del Oficio Palatino, verdadero gabinete ministerial y cúpula de una burocracia de apetencia centralizadora, no ocultan que son los magnates y obispos quienes gobiernan en nombre del monarca, obligado a escoger entre ellos a sus ministros.

Y es que a pesar del decidido respaldo de la Iglesia a la autoridad real, que llega al punto de considerar sacrilegio la sublevación, y de la aparente evolución del Estado visigodo hacia la monarquía absoluta y hereditaria, la nobleza conserva un gran poder. Sus bienes y sus tierras son ingentes. La tradición germánica, que consideraba al monarca un caudillo guerrero en nada superior en dignidad a los nobles que lo elegían de entre sus filas, indeleble. Y ambas realidades alimentan continuas sublevaciones e incesantes querellas entre facciones aspirantes al trono, porque el Ejército, sostén indispensable de la autoridad regia, no llega a articularse como una institución estatal al servicio del soberano, que debe recurrir con frecuencia a los nobles para engrosar sus filas.

Además, la sociedad hispana, a semejanza del resto de la Europa Occidental, camina hacia la disgregación. El abismo abierto entre los grupos sociales que ya vimos en la romanidad tardía no hace sino ahondarse en los primeros siglos de la Edad Media, dificultando la consolidación entre las clases populares de un sentimiento de pertenencia a una unidad superior a la comarca o la aldea. El sufrimiento, la miseria y el hambre gobiernan el pasar cotidiano de las gentes. El comercio y la artesanía, alma de las ciudades, verdaderas vértebras de la integración territorial, no se recuperan. La moneda, pilar básico de una economía sólida, es escasa, de baja ley y circula poco. El número de campesinos libres que entregan a los nobles su terruño y una parte de sus cosechas a cambio de protección no deja de aumentar. La ley, que respalda a los poderosos, sanciona la vinculación del labrador a la tierra. Los gobernadores provinciales, apoyándose en la distancia multiplicada por la precariedad de las comunicaciones, a menudo se desentienden de sus obligaciones hacia el rey. Y el mismo monarca compra casi siempre el apoyo de los aristócratas con tierras y prebendas que confiesan su impotencia para imponer su autoridad por otros medios. La unidad religiosa, en fin, se ha logrado al precio de una marginación más completa y violenta de los judíos, viejos habitantes del solar hispano a los que no cabe exigir lealtad hacia un Estado que los persigue.

Y así, divididas las élites, aplastado o perseguido el pueblo, poca era la resistencia que aquel primer reino de España podía oponer ante el enemigo exterior. Su caída estaba escrita, si es que esto puede decirse cuando hablamos de Historia, desde mucho antes de que se produjera. Pero, con todo, los visigodos cumplieron una misión histórica de importancia capital. Preservaron la herencia de Roma, y lo hicieron con tanto convencimiento que, cuando su Estado se desmoronó ante el decidido embate de los musulmanes, su legado no pereció por completo.

3

Bajo el signo de la media luna

Pero las causas profundas de la efímera duración del califato y de su desintegración total después de su esplendor social, político, económico y cultural habrá que buscarlas en la falta de cohesión o unidad racial y religiosa, en unas estructuras militares a base de mercenarios que no habían cambiado desde el siglo VIII, en una oligarquía árabe prepotente y excluyente y en unos grupos extraños, primero esclavos y después bereberes, que se incrustaron artificialmente en la sociedad andalusí, además de una población cristiana, tal vez mayoritaria, que no se sentía identificada con el régimen musulmán...

Joaquín Vallvé: *El Califato de Córdoba*, 1992.

EL COLAPSO VISIGODO

Aunque la tradición medieval, amante de las lides románticas, atribuyó la que llamó *pérdida de España* a la sucia traición de un noble visigodo resuelto a vengar una ofensa de su rey, que había deshonrado a su hija, es poco

Portada de *La crónica del rey don Rodrigo,* escrita en 1439 por Pedro del Corral, que recoge las tradiciones sobre el último rey godo y la pérdida de España, con la participación de personajes tan conocidos como el conde don Julián, el obispo don Oppas, el caudillo Tarik, el moro Muza, la Cava, el rey de Córdoba Pelistas o el rey don Pelayo.

probable que así fuera. Lo cierto es, no obstante, que los hijos de Mahoma contaron tras la invasión con apoyos muy relevantes en el seno de la sociedad peninsular. Y no lo es menos que la conquista del reino visigodo era el siguiente paso natural de una expansión iniciada ochenta años antes. Los musulmanes se habrían lanzado, más pronto o más tarde, a ella. La alternativa, la penetración hacia el seco y despoblado interior del Magreb, no ofrecía en modo alguno un atractivo comparable.

Así, corría el año 711 cuando siete mil musulmanes, casi todos bereberes, comandados por Tarik ibn Ziyad, lugarteniente de Musa ibn Nusayr, a la sazón *emir* o gobernador de la provincia norteafricana de Ifriqiya, actual Túnez, desembarcaron junto al peñón que después llevaría su nombre: *Yabal Tarik,* «la montaña de Tarik»,

Gibraltar. Cinco mil más acudirían al poco como refuerzo de la expedición original. Rodrigo, que se encontraba en el norte guerreando contra los irreductibles vascones, marchó con rapidez a su encuentro y cayó sobre los invasores en un lugar que la tradición da en identificar con el valle del gaditano río Guadalete. La batalla fue sangrienta y su resultado, determinante. El monarca visigodo pereció; su ejército huyó o fue masacrado por los musulmanes, y el reino entero se desmoronó como un castillo de naipes. Las tropas de Tarik no volvieron a encontrar resistencia. Al poco caían en sus manos Toledo, la capital visigoda, y Córdoba, una de sus ciudades más importantes. Algunos nobles, Pelayo entre ellos, huyeron hacia las inhóspitas montañas del norte, donde, tras vencer sus iniciales recelos, les acogieron las tribus indómitas que después alimentarían la revancha cristiana. Muchos otros, como el príncipe murciano Todmir, pactaron conservar sus privilegios, sus tierras y su fe. Otros, en fin, como los descendientes del noble navarro Casio, que tomaron el nombre de Banu Qasi, se islamizaron sin escrúpulos y compartieron el éxito y el botín de los vencedores.

    Al año siguiente, el propio Musa llegaba a España con unos dieciocho mil hombres, esta vez árabes en su mayoría, y rendía Sevilla, Mérida y Zaragoza, para marchar a continuación hacia el oeste, donde Tarik se había apropiado ya de León y Astorga. En torno al 715, casi toda la península, con excepción de Galicia y Asturias, por las que los invasores mostraron escaso interés, estaba en manos musulmanas. El avance continuó hacia el norte. Los ejércitos de la media luna penetraron también en tierras francesas, primero porque la Septimania formaba parte del reino visigodo, y después, porque, conquistada aquella, la Francia merovingia ofrecía a los insaciables musulmanes la perspectiva de tierras y botines aún más ricos que los ganados en España. Pero, en el 732, la derrota de Poitiers puso fin a sus correrías.

UN ESTADO FRÁGIL

En los primeros momentos de la conquista, no solo el aparato administrativo visigodo quedó reducido a la nada, sino que hubo grandes dificultades para sustituirlo por otro. La invasión trajo el caos. La desbandada de los poderosos, la huida de muchos siervos, el bandolerismo y la irrefrenable sensación de libertad que hubieron de sentir tantos humildes convirtieron en sobrehumana la sencilla tarea de registrar las tierras, censar las poblaciones o recaudar tributos.

Pero se trató de una situación temporal. Pronto, una nueva administración se afirmó sobre la península ibérica, que los conquistadores comenzaron enseguida a llamar *Al-Andalus*, vocablo de origen todavía oscuro (cuyo significado va desde quienes creen que deriva de *Vandalicia*, o «tierra de los vándalos», a quienes hacen provenir a la palabra de *Atlántida*, que los musulmanes conocían tras la traducción del Timeo y el Critias de Platón), reservando la denominación tradicional, arabizada como *Ishbaniya,* para las tierras que escapaban a su control en el norte. Convertida en una provincia más de su vasto Imperio, que se extendía desde el Atlántico hasta

La península ibérica hacia el año 800. Los musulmanes
no llegaron nunca a ocupar las tierras montañosas del norte,
cuyo clima húmedo ejercía sobre ellos escasa atracción.
Por ello, los cristianos pudieron establecerse en ellas
y organizar sin grandes dificultades varios núcleos
de resistencia que, con el tiempo,
darían origen a Estados rudimentarios.

el Indo y las frías estepas del Asia central, en su capital
—Sevilla primero y, a partir del año 717, Córdoba— se
estableció un gobernador, un *wali,* que dependía del
emir que desde Qairuán regía los destinos de Ifriqiya, el
actual Túnez. Y este respondía, a su vez, tan solo ante el
sucesor de Mahoma, el califa, cúspide de la administración del Imperio.

El califa distaba mucho de ser un autócrata. El
«comendador de los creyentes», pues eso quiere decir
califa, era, al menos bajo las dos primeras dinastías,
hasta el año 750, poco más que un primero entre iguales

que venía obligado a consultar sus decisiones fundamentales con los varones más conspicuos de entre los árabes; un guía cuestionado y vigilado de cerca por celosos guardianes de la tradición que ni siquiera tenía el derecho incontestado a nombrar sucesor a su propio hijo. Además, las enormes distancias existentes en el interior del Imperio favorecían la tendencia de los gobernadores provinciales a actuar con una autonomía rayana en la independencia. Así sucedió en el caso de Al-Andalus, aunque con los límites impuestos por las propias dificultades que los gobernadores andalusíes tuvieron desde el principio para imponer su autoridad, minada por una crónica inestabilidad social. Esta inestabilidad derivaba de la profunda heterogeneidad de la sociedad hispana, heredada ya de los visigodos, pero sin duda se agudizó a causa de las peculiaridades que caracterizaron la conquista musulmana de nuestro país.

A las revueltas periódicas protagonizadas por alguno de los grupos sometidos, se sumó el creciente descontento generado por el desigual reparto de las tierras conquistadas entre los dos principales grupos de invasores. Según la tradición, los musulmanes no se apropiaban de la totalidad de los campos. Cristianos y judíos, por ser *Gentes del Libro,* podían conservar los suyos a cambio tan solo de un tributo, el *jaray.* Los creyentes vivían de esa contribución, y no de la explotación directa del agro. Sin embargo, cuando los propietarios de la tierra huían, el gobernador podía donarla a los musulmanes. Así, muchos de ellos se convirtieron en terratenientes, pero a escalas muy distintas. Los árabes, por ser los creyentes originales, se apropiaron de las tierras más fértiles, en los valles del Guadalquivir y del Ebro. Los bereberes, conversos más recientes, a pesar de su mayor número, fueron relegados a los territorios menos productivos, las frías extensiones de la Meseta y algunas áreas del noroeste peninsular. Muchos de ellos, decepcionados, regresaron a su África natal. Pero otros no se resignaron, sino que optaron por tomar las armas contra sus hermanos en la fe coránica. La respuesta de los gobernadores andalusíes empeoró las cosas. En el 741, tropas sirias llegaron de Oriente para restablecer el orden, pero, una vez asegurado, no recibieron por sus servicios otro pago que el olvido. Comprensiblemente irritados, se sublevaron a su vez y, apenas unos meses después, colocaron a su jefe, Kalbi, como nuevo gobernador andalusí. Los árabes probaron entonces un poco de su propia medicina, ya que Kalbi fue tan proclive a beneficiar a los sirios como sus predecesores lo habían sido con los árabes. La nueva guerra civil que se desató en la práctica parecía demostrar cuán imposible resultaba gobernar en paz una España musulmana que la decadente dinastía de los Omeyas, en sus últimos estertores, era aún menos capaz de apaciguar.

Paradójicamente, sería la muerte del Imperio regido por su propia familia la que permitiría a un omeya reconducir los destinos de Al-Andalus y sentar las bases de su prosperidad. En el 750, depuesto el último califa de aquella dinastía y asesinada su parentela por los abbasíes, que acaban de conquistar el poder, un joven príncipe omeya, Abd al-Rahman ibn Muawiya, logra huir de su sangriento destino y desembarca en las costas de Al-Andalus, donde su familia cuenta con extensa clientela. Conquistado el apoyo de la mayoría de la población musulmana, derrota al gobernador y se proclama emir independiente. Corre el año 756 y Al-Andalus dice adiós a Bagdad, la flamante capital del Imperio. Desde ahora, sus jefes solo acatarán, y no por mucho tiempo, la autoridad espiritual del califa; la temporal se la reservan, sin reconocer a nadie sobre ellos.

Pero la proclamación de independencia no resuelve los problemas. Los árabes están divididos. Los qaysíes, originarios de las tierras septentrionales de Arabia, se enfrentan a los yemeníes, procedentes del sur, como los invasores originarios lo hacen con los sirios, llegados más tarde. Frente a ellos se sitúan los bereberes, que seguían anhelando las tierras más fértiles, en manos de los árabes, y los muladíes, o cristianos conversos al islam, hartos de su postergación en el seno de la comunidad musulmana. Y por último, más olvidados aún, desean mejorar su posición los mozárabes, cristianos que compraban el respeto a su fe con el pago de un oneroso tributo, y los judíos, cada vez peor tratados por unos musulmanes que han olvidado su ayuda en la conquista. La tentación de favorecer a alguno de estos grupos de inmediato provoca las iras de los otros. Y el Estado, bajo constante amenaza, poco puede hacer para resucitar una economía postrada que funciona como acicate de nuevas rebeliones. El proceso, interminable, se alimenta de sí mismo.

Además, los cristianos del norte habían prosperado mucho a lo largo del siglo VIII. En Francia, la nueva dinastía carolingia, fundada por Carlos Martel, el vencedor de Poitiers, se revelaba mucho más fuerte que su predecesora, hasta el punto de que eran ahora los francos quienes lanzaban incursiones en territorio musulmán. E incluso en la cordillera cantábrica, el pequeño enclave asturiano avanzaba hacia las abandonadas tierras galaicas y leonesas. No era ya tan solo un reducto de pastores crecidos en las márgenes de la civilización y visigodos deseosos de revancha, sino un verdadero reino que se pretendía heredero de la tradición hispánica.

Abd al-Rahman I no se arredró ante las dificultades. Armó un ejército de mercenarios para asegurarse un bastión de poder libre de las endémicas luchas tribales de los árabes. Renunció a extender más allá del Duero las fronteras de Al-Andalus y las consolidó mediante una *tierra de nadie* vigilada de cerca desde tres marcas militares con capital en Mérida, Toledo y Zaragoza. Y, en fin, para financiar su proyecto de Estado fuerte y unido, lanzó repetidas expediciones sobre territorio cristiano y confiscó propiedades de funcionarios desleales, asegurándose ingresos que le eximían de aumentar unos tributos capaces de llevar a la rebelión a sus súbditos.

El emirato así fundado se vería afirmado en los reinados de sus sucesores, pero la debilidad de la base sobre la que se asentaba, su terrible heterogeneidad social, no desapareció. Por ello, al mediar el siglo IX, cuando la economía entró en crisis, volvieron las rebeliones, alimentadas por las malas cosechas, las epidemias, los abusos de la administración, el aumento de la presión fiscal y los afanes independentistas de los gobernadores de las marcas fronterizas. Por añadidura, las sublevaciones eran ahora mucho más que simples estallidos de violencia de los descontentos. Tras ellas empezaba a tomar forma la intención de construir una alternativa política al emirato.

Hacia el 842, Musa ibn Musa ibn Qasi, autoproclamado *Tercer rey de España,* se convirtió durante más de veinte años en soberano efectivo de la marca zaragozana sin que los emires cordobeses pudieran impedirlo. Secesiones similares, aunque menos extensas y duraderas, se produjeron en Mérida y Sevilla. Pero la más significativa de estas rebeliones fue sin duda la acaudillada en el 880 por un muladí, Umar ibn Hafsun, que fue capaz de retar durante casi cuarenta años al emirato desde su castillo de Bobastro, en la sierra de Málaga, y llegó incluso a acariciar la idea de convertirse él mismo en emir de una península libre de la hegemonía árabe. Solo su conversión al cristianismo, al debilitar su predicamento entre los muladíes, le privó de su principal sostén, haciendo así imposible su victoria.

Concluido el siglo IX, el futuro de Al-Andalus se adivinaba, una vez más, oscuro. La economía no se recuperaba; la unidad del Estado era una entelequia; las arcas públicas aparecían casi vacías, y el reino cristiano de León, al norte, amenazaba unas fronteras a cada momento más permeables. Cuando, en el año 912, ascendía al trono otro emir, Abd al-Rahman III, su control efectivo se extendía poco más allá de Córdoba y sus arrabales. Y, por si esto no fuera suficiente, un nuevo y amenazante poder, el califato fatimí, había surgido en el norte de África y trabajaba para extender su dominio al otro lado del estrecho.

La corta edad del emir, tan solo 21 años, no permitía albergar auspicios favorables sobre su reinado, que se anticipaba corto y trágico. Y, sin embargo, la habilidad política y la energía de que hizo gala desde el primer momento fueron tan notables que, bajo su cetro, Al-Andalus recuperó la vitalidad perdida y logró encumbrarse de nuevo a la hegemonía peninsular.

Durante los primeros años, Abd al-Rahman impulsó la creación de un ejército eficaz por medio de la importación de esclavos mercenarios europeos, poco dados a confraternizar con una población cuyo idioma desconocían. Pronto se inclinan ante él los gobernadores rebeldes, y los últimos rescoldos del movimiento acaudillado por el difunto ibn Hafsun son apagados con energía. Los leoneses, sorprendidos, caen en el 920 en Valdejunquera, unos veinticinco kilómetros al sudoeste de Pamplona, ante las tropas andalusíes. Terminan las incursiones cristianas hacia el sur y se renuevan las musulmanas hacia el norte. La supremacía del poder meridional es reconocida por los reyes de León y Navarra y los condes de Castilla y Barcelona. Muchas fortalezas cristianas son desmanteladas o entregadas a los musulmanes y los tributos o *parias** afluyen de nuevo en dirección a Córdoba.

El Estado andalusí se reorganiza entonces. Consolidadas las tres marcas del norte, el resto del territorio se divide en una veintena de provincias entregadas a gobernadores leales. La Administración, encabezada por el primer ministro, el *hayib,* y su Gobierno de visires residentes en el palacio real, crece y se especializa. Los altos cargos civiles y militares entregados a esclavos o libertos de total confianza del emir se multiplican. Las arcas públicas, necesitadas de enormes fondos para sostener una burocracia tan extensa, se llenan gracias a las parias cristianas y a los impuestos generados por una economía que se despereza y resurge. El renacido presti-

El califato de Córdoba (929-1031). Durante poco más de un siglo, el islam andalusí parece recobrarse de sus males seculares. La Administración se densifica y se hace más eficiente; la economía, floreciente, establece sólidos lazos con Europa y el norte de África, y el ejército, numeroso y disciplinado, humilla una y otra vez a las tropas cristianas e impone a sus soberanos humillantes tributos. Sin embargo, se trató de una pujanza efímera. Al poco de comenzar el siglo XI, el frágil Estado andalusí se desmoronó como un castillo de naipes.

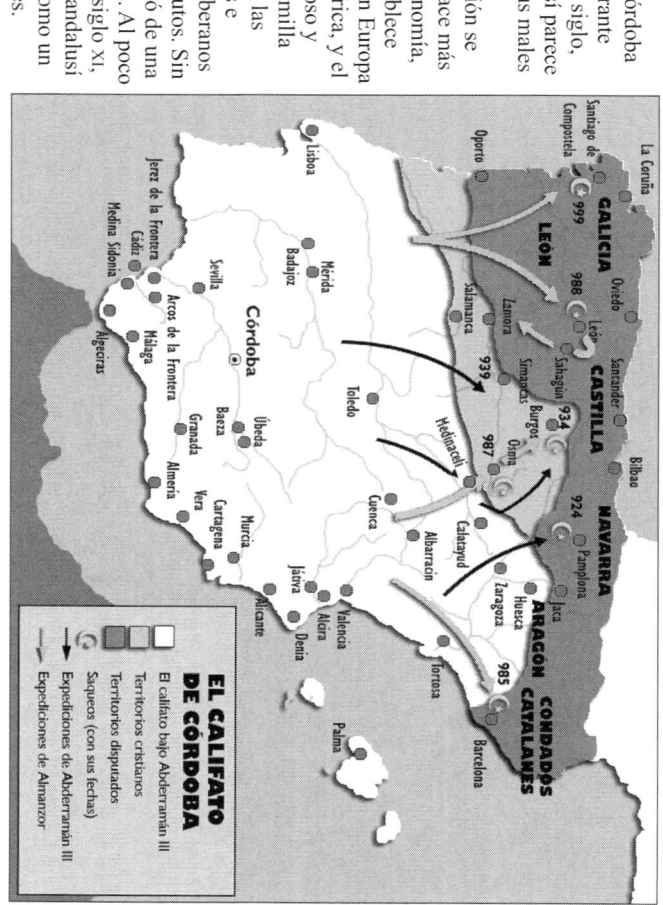

gio del Estado andalusí despierta, en fin, reconocimiento y envidia en toda la Europa cristiana.

El flanco sur, sin embargo, era el más débil y, quizá, el más estratégico. La amenaza mayor se halla en la dinastía fatimí, que acababa de imponer su dominio desde Egipto hasta Túnez. Su carácter fundamentalista chií*, que predica el derecho de sus líderes a derrocar a los gobernantes ilícitos, les conduce a usurpar el califato. Presto a conjurar la amenaza, Abd al-Rahman no ve otra salida que proclamarse también Califa, lo que hace al fin en el 929 manifestando así su intención de asegurar su legitimidad frente a la amenaza fatimí y de consolidar, con las armas y las ideas, la retaguardia andalusí al otro lado del estrecho. No en vano, por esta ruta afluía el oro sudanés, nutriente imprescindible de su economía.

Pero, una vez más, el éxito será solo pasajero. El virus que mina la fortaleza de Al-Andalus no ha sido exterminado. El islam carecía de una teoría política propia capaz de servir de fundamento a un Estado. Mahoma se había limitado a asumir las concepciones políticas de las tribus árabes, trasladando la lealtad tribal a la *umma*, o «comunidad musulmana», y planteando las relaciones con otros pueblos como si fueran tribus subordinadas a la misma. Pero gobernar todo un Imperio valiéndose tan solo de principios tan rudimentarios pronto se reveló imposible. Por ello, los musulmanes hubieron de adoptar, ya bajo los abbasíes, prácticas de gobierno tomadas de los persas, pioneros en la tarea de regir un Estado habitado por poblaciones heterogéneas. Pero incluso las nuevas instituciones se mostraron insuficientes para refrenar la tendencia cultural de los árabes a las banderías y los enfrentamientos tribales, acentuados por las enormes distancias en el interior del Imperio. La vasta inmensidad del mundo musulmán parecía condenada a fragmentarse en unidades más pequeñas y homogéneas.

No muy distinto era el problema de Al-Andalus. Los gobernantes que regían el Estado carecían de fe en él, y malgastaban sus energías en interminables querellas tribales. Su papel no podía desempeñarlo una clase media interesada en su preservación por puro interés económico, pues comerciantes y artesanos carecían de la fuerza necesaria para ello. Agravaban el problema las extremas dificultades para la comunicación originadas por un relieve accidentado que favorecía el particularismo regional. La cohesión territorial, así las cosas, solo podía sostenerse por la fuerza. Pero ello exigía un poder central incuestionable cuya autoridad no dependiera de las oligarquías dirigentes, atentas tan solo a sus inmediatos intereses, lo que requería, a su vez, una fuerza militar numerosa y ajena a cualquier facción nobiliaria. Un ejército así, empero, tenía que estar compuesto por mercenarios extranjeros, lo que hacía de él una herramienta muy costosa. Para financiarlo, el Gobierno habría entonces de incrementar la presión fiscal, provocando el descontento popular, alimentando las tendencias disgregadoras y debilitando la economía misma del califato, cuyo vigor resultaba imprescindible para financiarlo. Al-Andalus se debatía, en suma, en un círculo vicioso del que se revelaba incapaz de escapar, o, en el mejor de los casos, en un delicadísimo equilibrio, muy difícil de preservar a largo plazo. La viabilidad histórica del califato andalusí, al igual que la de sus predecesores omeya o abbasí, era, por ello, muy escasa.

Así, muerto Abd al-Rahman III en el 961, la estabilidad apenas se prolongó unas décadas bajo el reinado de su hijo y sucesor Al-Hakam II, más proclive a la lectura que a las ingratas servidumbres del Gobierno. A su fallecimiento, en el 976, el edificio del Estado comienza a cuartearse. Las tendencias centrífugas y las intrigas palaciegas renacen en el momento de la sucesión. El nuevo califa, Hisham II, es tan solo un niño de once años. Solo la energía formidable y la ambición ilimitada de un hábil advenedizo salvarán al califato durante unas décadas más. Ibi Ami Amir, pronto conocido como *Al-Mansur billah,* «el Victorioso por gracia de Dios» el Almanzor de los romances cristianos, es el protagonista de este canto de cisne de un régimen condenado.

Progresivamente encumbrado en la corte de Al-Hakam gracias a los buenos oficios de la madre del heredero, la princesa Subh, el ambicioso Amir apartó sin miramientos a aquel del ejercicio efectivo del poder tan pronto como ascendió al trono. Asegurada su posición mediante el apoyo de los juristas musulmanes y el reclutamiento de una tropa de bereberes y cristianos leal solo a su persona, lanzó una tras otra más de cincuenta expediciones de castigo hacia el norte entre los años 978 y 1002. Émulo de Abd al-Rahman III, había comprendido que solo las parias preservarían por un tiempo el fuerte poder central que el califato requería para mantenerse unido, pero sabía también que no era posible ir más allá. La ocupación de toda la península habría requerido una población musulmana numerosa y dispuesta a emigrar al norte, y esa población no existía.

Así, muerto Almanzor en el 1002, tras unos breves años en que su primogénito Abd al-Malik, general y polí-

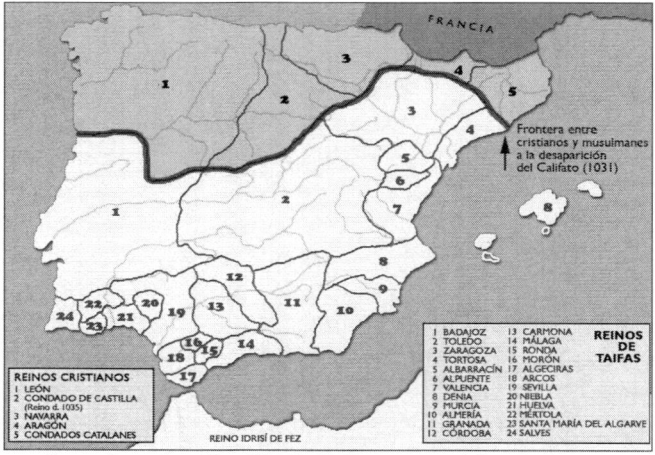

Los reinos de taifas (1031). Taifa es una palabra árabe que significa «bandería» y no otra cosa fueron aquellos reinos, diminutos en su mayoría, que, minados por las continuas luchas internas y externas, solo lograban sobrevivir acogiéndose a la protección de otro un poco mayor o de los mismos cristianos del norte. Solo tres de ellos, los herederos de las antiguas marcas fronterizas de Badajoz, Toledo y Zaragoza, tenían alguna viabilidad, pero ni siquiera ellos habrían conseguido perdurar sin la intervención almorávide.

tico tan enérgico y hábil como él, logró conservar por la fuerza la unidad, el califato se consumió hasta las cenizas sacrificado en el altar de la guerra civil. En dos décadas, una veintena de califas se suceden en un trono que ya nadie respeta. Por fin, en el 1031, una asamblea de notables reunidos en Córdoba firma su defunción oficial. Para entonces, las treinta ciudades más importantes tienen ya Gobierno propio. Han nacido los reinos de taifas, cuya historia narra la lenta pero irreversible agonía del poder musulmán en la península ibérica, tan solo prolongada por

ocasionales inyecciones de sangre nueva desde el norte de África en el decadente cuerpo andalusí y por el interés de los reinos cristianos en exprimir bien la gallina de los huevos de oro antes de retorcerle el pescuezo definitivamente.
Las taifas se agrupan en virtud de criterios étnicos. Las hay gobernadas por bereberes, predominantes en la costa meridional, desde el Guadalquivir hasta Granada; dirigidas por caudillos militares eslavos, que prefieren dirigirse hacia la costa levantina, y, por último, sometidas al control de dinastías propiamente andalusíes, más numerosas en la zona central, entre el Guadalquivir y el norte. Algunas de ellas parecen viables, como las viejas marcas de Badajoz, Toledo y Zaragoza, que aunaban extensión y tradición de autogobierno, o, como la de Sevilla, que posee en Al-Mutamid un soberano capaz. Pero ninguna de ellas es lo bastante fuerte para asegurar su independencia por las armas. Pronto no les quedará otra opción que comprar la paz. Las tornas se vuelven: ya no son los reinos septentrionales, ahora envalentonados, los que pagan las humillantes parias; ahora las reciben. Tampoco a ellos les interesa otra cosa. La conquista requeriría más dinero, más tropas y más campesinos y villanos dispuestos a ocupar las nuevas tierras, y, como antes que ellos los califas, los reyes cristianos no tienen nada de eso; vale más sentarse a esperar los ahora humillados dinares. Periódicas expediciones de castigo mantendrán el ardor militar intacto y recordarán a los musulmanes quiénes son los nuevos señores.
El acuerdo se mantiene mientras interesa a ambas partes. Pero es cuestión de tiempo que un monarca cristiano se sienta lo bastante fuerte o ansíe suficiente gloria

para intentar transformar en propiedad su usufructo sobre las seductoras riquezas de las taifas. Tal es el caso de Alfonso VI, rey de Castilla y León. En el 1085, Toledo, la que fuera primera capital de España, cae en sus manos y el ambicioso rey se proclama, de forma un tanto pretenciosa, *Emperador de las dos religiones*, título que si, por una parte, revela una cierta tolerancia hacia los musulmanes, muestra también la voluntad del monarca cristiano de alzarse con el dominio sobre toda la península. Los reyes de las taifas se asustaron. Y el más clarividente de ellos, el sevillano Mutamid, pensó que la única salvación que les quedaba a los frágiles reinos musulmanes era llamar en su ayuda a los almorávides.

Eran estos los fundadores de un flamante Imperio que, gobernado desde Marrakech, extendía ya su control sobre todo el extremo noroccidental de África, desde lo que hoy es Argelia hasta las orillas del Senegal y el alto Níger. El secreto de su expansión residía en el fanatismo religioso de sus tropas, bereberes nómadas del desierto inflamados por la ardorosa predicación de un santón chií llamado Ibn Yasin. Ahora, pronto a finalizar el siglo XI, comandados por su tercer sultán*, Yusuf ibn Tasufin, constituían una fuerza poderosa, capaz de alterar de nuevo a favor del islam el torcido equilibrio peninsular.

Derrotado en el 1086 Alfonso VI en Sagrajas, los ejércitos almorávides abandonaron Al-Andalus. Pero el caudillo norteafricano había visto con sus propios ojos la decadencia moral y la relajación religiosa de las cortes de taifas, tan refinadas como corruptas, y conocía como nadie su debilidad militar y su incapacidad para la cooperación política. Además, los alfaquíes, los doctores de la ley islámica, ofrecieron a Yusuf su apoyo y su influencia sobre el pueblo. El soberano almorávide se decidió al fin. En el 1090 desembarcaba en las costas andalusíes por segunda vez y, en unos pocos años, devolvía al islam andalusí su orgullo y su unidad.

Pero el cambio fue superficial y temporal. No era posible pensar siquiera en la conquista de los reinos cristianos, que habían repoblado las tierras abandonadas por los musulmanes o arrebatadas a su dominio en los siglos anteriores. Además, la pureza doctrinal de los almorávides no gustó al pueblo andalusí, acostumbrado a la convivencia con cristianos y judíos y reblandecido por las comodidades de la vida civilizada. Los propios soldados venidos del desierto se acostumbraron pronto a la molicie y cayeron en la indisciplina y la relajación de las costumbres. A mediados del siglo XI, las aguas volvían a su cauce. Las sublevaciones populares y las victorias cristianas forzaron a los invasores a regresar por donde habían venido.

Poco tardará, sin embargo, en repetirse la historia. Al-Andalus vuelve a fragmentarse en incontables Estados dirigidos en su mayoría por reyezuelos sin escrúpulos y otra vez parecen los cristianos a punto de completar en pocos años su reconquista. Y de nuevo un Imperio gestado en tierras norteafricanas envía sus ejércitos al otro lado del estrecho y pone bajo su férula a los indisciplinados monarcas andalusíes. Los protagonistas son en esta ocasión los almohades. Como sus predecesores, habían forjado su dominio entre las tribus bereberes valiéndose del poder carismático de un reformador religioso. Su fundador, Ibn Tumart, predicaba la unidad absoluta de la divinidad y se proclamaba a sí mismo *mahdi*, o «líder de los creyentes inspirado por Alá». Tan fanáticos como sus predecesores, los almohades tardaron poco en derrotar por completo a los almorávides y heredaron sus dominios, ampliándolos incluso en tierras libias. Entonces, hacia 1162, volvieron sus ojos hacia la península.

La conquista almohade de Al-Andalus fue rápida y completa, pero la frontera que separaba a musulmanes y cristianos no se alteró, a pesar de la contundente derrota del rey castellano Alfonso VII en Alarcos (1195). En realidad, las limitaciones que pesaban sobre el Imperio almohade eran las mismas que habían sufrido los almorávides: la heterogeneidad de sus poblaciones y las escasas simpatías que despertaba su fanatismo religioso. Además, los cristianos se atemorizaron tanto ante la potencia bélica de los nuevos guerreros islámicos, que el mismo papa Inocencio III se avino a predicar la cruzada contra el infiel y voluntarios de toda Europa llegaron a la península para sumarse a la lucha. Aunque la mayoría de ellos se marcharon antes de la batalla decisiva, descontentos con la excesiva tolerancia de los reyes cristianos peninsulares con judíos y musulmanes, la unidad lograda entre los monarcas hispanos bastó para derrotar de forma incontestable a los almohades. En 1212, la batalla de Las Navas de Tolosa marcó el principio del fin de Al-Andalus. Solo el reino de Granada mantendrá ya ondeando la media luna, durante dos siglos y medio, en tierras peninsulares.

Cabría suponer que una resistencia tan prolongada fue el resultado de algún tipo de recuperación del poder musulmán, pero no fue así. El Islam andalusí se replegó hacia el extremo sudoriental de la península y procuró sobrevivir bajo protección castellana. En 1235, el reyezuelo de Arjona Muhammad ibn Nasr fundó el reino nazarí de Granada y se declaró enseguida vasallo de Fernando III de Castilla. Tan solo abarcaba, en el momento de su máximo esplendor, desde Tarifa, al oeste, hasta Almería, al este, y penetraba en tierra firme un centenar de kilómetros en dirección a Jaén. No era extenso ni fuerte. ¿Por qué toleraron, pues, su presencia los sucesores de Fernando?

Podemos, en primer lugar, pensar que los gobernantes castellanos consideraron útil, por un tiempo, contar con un reino musulmán cercano al que pudieran huir, antes que rebelarse, sus súbditos mahometanos descontentos. No pesaría menos en sus consideraciones la cuantía y regularidad con que afluían a sus arcas los tributos granadinos, sufragados sin dificultad por una economía en auge, y la dificultad de una conquista que se presumía costosa, dada la difícil orografía del territorio nazarí. Por último, la propia situación interna de Castilla en la Baja Edad Media, período denso en conflictos sociales y políticos, no permitía a sus monarcas afrontar una empresa de tal magnitud.

Cuando algunos de estos factores perdieron intensidad, la conquista apareció a ojos de los reyes castellanos —a los que correspondía, en virtud de los tratados de reparto firmados con la Corona de Aragón, la reconquista de estos territorios— como una opción apetecible. La evolución del poder real, que se fortaleció en Castilla mientras se debilitaba en Granada, y la crisis de la economía nazarí, forzada por la pérdida en favor de los portugueses del oro sudanés, fueron sin duda los hechos más relevantes. Pero hubo que esperar a finales del siglo XV para que se produjeran.

Una economía floreciente

La agitada historia política de Al-Andalus contrasta con la riqueza y la diversidad de su vida económica. El intenso cultivo de sus feraces campos, la vitalidad de su rica y variada artesanía, la brillante solidez de su moneda, el esplendor de su comercio y, sobre todo, el bullicio y la prosperidad de sus ciudades poco tienen que ver con la mediocre base material de los reinos cristianos, durante mucho tiempo apenas por encima de la mera subsistencia.

La agricultura andalusí fue esclava del secano y el barbecho en la mayoría del territorio, pues no podía ser de otra manera en las adustas tierras de la Meseta. Pero allí donde ríos de alguna importancia avenaban los campos, el regadío estableció, una vez más, su señorío fecundo. Conocido ya desde tiempos de los romanos, los árabes lo renovaron con técnicas más eficaces traídas del Oriente que hicieron mucho más productivos sus resultados. Acequias, canales subterráneos, pozos de extracción y norias elevadoras se extendieron por doquier, formando un entramado tan denso y complejo que incluso hacía necesaria la existencia de funcionarios encargados de su supervisión. Beneficiados por estas técnicas, un clima más benigno y una tierra más rica, los productos traídos por los árabes proliferaron en Al-Andalus como en ningún otro lugar de su Imperio. Así, a la tríada mediterránea original, el trigo, la vid y el olivo, se sumaron nuevas especies de frutas y verduras, como los cítricos, y también la caña de azúcar, el arroz, el algodón, el lino, el cáñamo o las plantas colorantes, impulsadas por la creciente demanda de la industria textil. La ganadería fue también importante, tanto la trashumante de las tierras del norte, como la estabulada, propia de las comarcas meridionales, y no dejó de beneficiarse de la sangre nueva aportada por los rebaños de ovejas traídos de tierras norteafricanas. Los bosques, amenazados por las exigencias de la floreciente agricultura, el desarrollo de las ciudades y el gran peso del comercio marítimo, que demandaba navíos de cierto porte, sufrieron una explotación intensa. Y el subsuelo, expoliado sin merced desde los tiempos de los fenicios, siguió rindiendo a los árabes el rico tributo de su corazón metálico en forma de plata, cobre, hierro y mercurio.

Fue, sin embargo, la ciudad y todo cuanto la rodea la seña de identidad más notoria de la civilización islámica, y no podía ser menos en el caso de Al-Andalus. Ocurrió aquí, por tanto, algo bien distinto a lo registrado en el resto de Europa. Si la expansión del islam supuso allí la puntilla final a la floreciente vida urbana y comercial romana, ya decadente en los últimos siglos del Imperio, en Al-Andalus la recesión bajo imperial, intensificada bajo la dominación visigoda, invirtió su tendencia y, tras un período de paulatina recuperación, dejó paso a un florecimiento general de las ciudades.

La ciudad árabe trae a Al-Andalus su fisonomía característica. En el centro, se levanta su corazón administrativo, comercial y cultural, la medina amurallada, y en torno a ella, también amurallados, los arrabales, barrios residenciales sujetos a la dependencia de la medina que poseen, sin embargo, lo necesario —el bullicioso zoco, los ejemplares baños públicos, la

Dinar de oro, ceca de Almería, siglo X.
El califato cordobés copió de bizantinos y persas
un sistema monetario bimetálico
cuya estabilidad actuó como incentivo para el desarrollo
de la artesanía y el comercio.

imprescindible mezquita— para la vida autónoma de la comunidad étnica, religiosa o laboral a la que dan cobijo. También trae con ella su algarabía y dinamismo, en todo opuestos a la estática quietud de los raquíticos poblachones eclesiásticos o militares que la Europa cristiana se empeña en llamar ciudades. No es raro, pues, que el comercio y la artesanía recuperen bajo los conquistadores musulmanes el vigor perdido siglos atrás.

La moneda andalusí, que se apoyaba por igual en el dinar de oro y el dirhem de plata, ofrecía por su abundancia y solidez una seguridad que favorecía la actividad de los comerciantes. La misma morfología de la ciudad revela la importancia que alcanzaron en la economía andalusí el comercio y la artesanía. Los mercados no se celebraban tan solo de manera periódica, como en las villas cristianas, sino que constituían una realidad física permanente en cada barrio. Muchos edificios son hijos del comercio: posadas que ofrecen a los mercaderes alojamiento para ellos y espacio para sus mercancías; alhóndigas destinadas al almacenaje; alcaicerías que ofertan en sus galerías porticadas los bienes producidos por artesanos de todas partes del mundo... Porque Al-Andalus, beneficiada por su posición geográfica a caballo entre la Europa cristiana y el África musulmana, disfrutó de un intenso comercio exterior que quizá constituyó la base principal de su prosperidad material. Sus comerciantes, judíos primero, musulmanes más tarde, fueron verdaderos empresarios capitalistas que operaban a gran escala en sus propios negocios o sirviendo de proveedores al Estado, revitalizando con su energía muchas olvidadas rutas a la vez que abrían otras nuevas. Cruzando la península ibérica, llegaron hasta Francia, proveedora, junto con la cristiandad ibérica, de materias primas, comestibles y esclavos, y ávida consumidora de manufacturas. Sobre el puente de sus mercantes, construidos y armados en sus puertos, intensificaron los lazos trenzados por los visigodos con las tierras norteafricanas, camino por el que entraba en Al-Andalus el apreciado oro sudanés. Y navegaron hacia Oriente con sus bodegas repletas de aceite, telas y esclavos, que cambiaban por los productos de lujo tan ansiados por la decadente y refinada nobleza andalusí.

    Las manufacturas que alimentaban un comercio tan intenso eran diversas y su producción disfrutaba de un cierto nivel de organización corporativa. Maestros, oficiales y aprendices de cada profesión trabajaban y

Representación virtual de una ciudad musulmana. La civilización islámica fue una civilización urbana. Surgió en La Meca, un centro comercial y financiero floreciente, y su llegada a la península produjo una evidente inversión del proceso de decadencia urbana y comercial que se había iniciado en el bajo Imperio romano.

residían en las calles y barrios que llevaban sus nombres y se encuadraban en gremios similares a los del Medievo cristiano, aunque menos poderosos. Los productos eran variados y su calidad disfrutaba de un merecido prestigio internacional. La industria textil era la primera en importancia por el volumen y diversidad de sus productos. Las telas de lino y algodón, las mantas y tapices de lana, los lujosos brocados y, sobre todo, los excelentes tejidos de seda, cuya fama se extiende por todo el mundo musulmán, daban ocupación a miles de artesanos andalusíes. El trabajo del oro, la plata y las piedras preciosas alcanzaba también un altísimo nivel, y no le iban a la zaga el cuero repujado, el marfil, la cerámica vidriada o la fabricación de armas, actividad en la que Toledo destacaba ya entre las ciudades andalusíes. En algún campo, como en el vidrio y el papel, sus artesanos marchaban incluso a la cabeza de Occidente en lo que se refiere a la introducción de mejoras técnicas.

De tales fuentes bebía una sociedad compleja, cuya infinita variedad se negaba a dejarse limitar por los rígidos cánones de sus estudiosos. Para los alfaquíes musulmanes, el hombre se definía por su libertad y su fe. La esclavitud existía, pero se les antojaba una condición siempre excepcional y transitoria. Y en cuanto a los infieles, integraban una entidad distinta, ajena a la sociedad propiamente dicha, constituida tan solo por los creyentes. Pero la realidad era muy diferente. Primero, porque el número de musulmanes no dejó nunca de aumentar. Las ventajas fiscales de que disfrutaban los fieles, la presión evidente de las autoridades a favor de la conversión y la emigración creciente de cristianos a los reinos del norte, donde se les reclamaba para repoblar en calidad de campesinos o villanos libres las tierras arrebatadas al islam, fue equilibrando las cifras hasta invertirlas. Y segundo, porque en la sociedad andalusí, junto a la línea que separaba a creyentes y no creyentes, que reconocían las leyes, hubo siempre otra, la que distanciaba a pobres y ricos, que carecía de sanción jurídica, pero constituía una incontestable realidad.

Entre los musulmanes, los árabes, originales o asimilados con posterioridad por matrimonio o clientela, constituían una verdadera oligarquía que detentaba el poder político y la preeminencia social y cultural, aseguradas por la apropiación de las mejores tierras en los primeros momentos de la conquista. Su idioma, el árabe clásico, era el vehículo de la Administración y la lengua de cultura por excelencia, y su indumentaria, sus reglas y sus costumbres, las que marcaban el ejemplo a seguir. Por ello, los bereberes, más numerosos, se arabizaron muy pronto, en especial una vez superadas las tensiones generadas por la desigualdad inicial en el reparto de las tierras. El aplastante predominio de la población autóctona imponía a los musulmanes una solidaridad de intereses que sin duda tendía a sobreponerse a las diferencias raciales. Solidaridad social, no política, pues las banderías y continuas luchas de facciones constituían una tradición secular de las tribus árabes que no abandonaron tras su establecimiento en tierras andalusíes.

Pero árabes, sirios y bereberes no constituían los únicos integrantes de la comunidad musulmana. El grupo más numeroso lo formaban los cristianos o judíos hispanos convertidos al islam, que recibían de modo genérico el nombre de *muwalladun,* o «muladíes». Su número no cesó de aumentar desde los primeros momentos, al sumarse a los descendientes de los conversos en el momento de la conquista los judíos y cristianos que iban convirtiéndose al islam deseosos de salir de la marginación legal y la opresión fiscal. Su arabización fue rápida y aunque no dejaron de lado el romance, aprendieron muchos de ellos el árabe e incluso arabizaron sus nombres en un afán evidente de ser aceptados por los musulmanes originales.

Con el tiempo, se sumaron también a la comunidad musulmana muchos europeos llegados a Al-Andalus como siervos, que, en virtud de su origen, recibían el nombre genérico de *eslavos*, por más que muchos de ellos no lo fueran. Capturados en Italia o Francia, en

Alemania o en el mar Negro, y vendidos como esclavos en un comercio a gran escala, se convertían al islam y aprendían el árabe y el romance, sirviendo en los ejércitos y palacios del soberano y en las mansiones de la aristocracia. Muchos fueron manumitidos, amasaron cuantiosos patrimonios y llegaron a alcanzar elevados cargos, incluso el gobierno de algunos reinos de taifas.

Fuera de la comunidad de los creyentes, permaneció siempre un importante número de cristianos y judíos que, beneficiados por el respeto musulmán hacia las *Gentes del Libro,* conservaron su religión y sus costumbres en calidad de protegidos de la comunidad islámica o *dimmíes.* Habitaban barrios separados; se regían por sus propias leyes, e incluso disfrutaban de autoridades propias —un conde *(comes)* para los cristianos, un jefe *(nasi)* para los judíos— cuya principal responsabilidad era la de garantizar la recaudación del tributo impuesto a los protegidos y mediar en los conflictos que no involucrasen a musulmanes. A pesar de ello, la evolución que sufrieron se caracterizó por una creciente arabización, compatible con su identidad cultural, y por la continua reducción de sus efectivos.

Los cristianos, denominados *mozárabes,* que no sufrieron, por lo general, persecuciones y pudieron conservar sus iglesias e incluso construir, en ocasiones, algunas nuevas, menguaron en número en Al-Andalus debido a las posibilidades que se les abrían de convertirse en ciudadanos libres. Un camino para lograrlo era la conversión al islam, muy frecuente dadas las escasas diferencias percibidas por el pueblo llano, de creencias sencillas, entre ambas religiones y la habilidad de los alfaquíes musulmanes para atenuarlas. El otro, cada vez más expedito con el paso del tiempo, era el de la emigración como colonos a las tierras que iban cayendo en manos cristianas, tentación alimentada por los monarcas del norte por medio de efectivas promesas de libertad para los campesinos y villanos dispuestos a caer en ella. Tanto éxito tuvieron ambos caminos, que hacia el siglo XIII, conquistado ya el valle del Guadalquivir, no quedaban apenas cristianos en Al-Andalus.

Peor suerte corrieron los judíos. Pasados los primeros años de idilio con los conquistadores, fueron a veces obligados a vestir prendas que les identificasen, intensificando así su marginación, y perseguidos con frecuencia por soberanos que trataron de forzar su conversión. Sin embargo, aunque aceptaron el árabe, se convirtieron en menor medida que los cristianos, y si su número menguó, lo hizo más bien como fruto de la huida hacia tierras más seguras en oleadas que coincidían con las épocas de persecución o conversión forzosa.

Superponiéndose a estas divisiones sociales, y en una manera que las personas percibían de manera no menos nítida, existía una verdadera sociedad de clases en tierras andalusíes. Cada individuo profesaba la religión que sentía su corazón o le dictaban sus intereses, lo que le hacía acreedor ante la ley de unos derechos y le imponía unas obligaciones, pero además se integraba en un grupo de contornos invisibles jurídicamente, pero no por ello menos ciertos, pues lo delimitaban criterios económicos y de proximidad al poder.

La sociedad andalusí se dividía, desde este punto de vista, en tres grandes clases que constituían una pirámide imaginaria. En la cúspide, el sector menos numeroso y más privilegiado, la *jassa,* príncipes y altos funcionarios que disfrutaban ricas concesiones estatales, elevadas pensiones y beneficiosas exenciones fiscales. En la base, la *amma,* la plebe de tenderos, artesanos, trabajadores urbanos de todo pelo, campesinos libres o sometidos a servidumbre, musulmanes o mozárabes que cargaban sobre sus hombros con el peso del Estado. Y entre ambos, la adelgazada clase de los notables *(al-Ayan),* verdadera correa de transmisión entre el poder y las masas engrasada por los influyentes y prestigiosos alfaquíes, doctores de la ley coránica, y los comerciantes ricos que tan a menudo servían a los intereses económicos de sus soberanos allende sus fronteras. La sociedad andalusí, en suma, no se distinguía tanto de sus contemporáneas cristianas. La religión, el poder y el dinero levantaban muros entre individuos y grupos, más transparentes y menos gruesos en este caso, pero, al cabo, también infranqueables.

UN PUEBLO QUE AMABA LA BELLEZA

Como su economía, la cultura andalusí asombra por la persistencia de su esplendor, superviviente contumaz a guerras civiles, revoluciones y luchas continuas, en las grandiosas cortes califales y en sus pobres parodias de las taifas. ¿A qué se debió tal esplendor? ¿Era el pueblo árabe invasor más culto que el hispanogodo?

En el momento de la invasión, la población hispana era tan inculta como cualquier otra del Occidente. El saber se atesoraba en iglesias y monasterios y en nada alcanzaba al común del pueblo, todo él analfabeto, ni a la nobleza o la corte, por lo general poco cultivadas y ni siquiera preocupadas por parecerlo. Bien distinto era el panorama que ofrecía Al-Andalus. A grandes rasgos, el islam se benefició de su posición geográfica intermedia entre el Oriente, más avanzado cultural y tecnológicamente, y el Occidente, aún no recuperado del trauma de las invasiones bárbaras, y desempeñó un papel de asimilación y difusión cultural entre ambos mundos. Los musulmanes leyeron, tradujeron y difundieron la filosofía griega encontrada en las bibliotecas bizantinas y, a través de la sometida Persia, trajeron de China y la India avances técnicos y matemáticos que contribuirían después a sacar a Europa de su postración. Los andalusíes, a pesar de su temprana independencia política y su posición periférica en el mundo musulmán, no cortaron jamás sus lazos con los grandes núcleos islámicos del saber ni permanecieron ajenos a sus principales corrientes culturales. Ello les permitió pasar enseguida de la mera asimilación a la creación en todos los campos, desde la filosofía a la medicina, pasando por la geografía, la botánica, la astronomía y las matemáticas.

Ayudó sin duda a conseguirlo un sistema educativo muy extenso y alimentado por el interés por el estudio que parecían tener las gentes de toda condición. Pueblos y aldeas contaban con escuelas elementales, en las que, a través del Corán, se enseñaba a los niños la gramática y el cálculo, que les dejaban en posesión de una cierta cultura general o les preparaban para estudios posteriores, favorecidos por las numerosas bibliotecas y centros

Breve historia de España I: Las raíces

Vista aérea de Medina Azahara. Incluso en la actualidad, las ruinas de la hermosa ciudad levantada por los califas cordobeses nos revelan en buena medida el espíritu de una cultura que hizo del amor por la belleza y el disfrute de la vida una de sus señas de identidad.

de enseñanza superior. Estos estudios se hallaban bastante reglados, pues, aunque ignoramos su duración, sí sabemos que su superación se sancionaba mediante un certificado que autorizaba a su posesor a enseñar la materia estudiada.

No ayudó menos el hecho de que los soberanos de Al-Andalus fueran en muchos casos sensibles mecenas que protegieron a los artistas, ampararon la libertad de pensamiento e hicieron de sus cortes verdaderos centros de cultura. Gracias a ello alumbraron las tierras andalusíes figuras de la talla de Averroes, médico y filósofo del siglo XII cuyos comentarios de Aristóteles tuvieron enorme resonancia en la Europa medieval e incluso influyeron en la obra de santo Tomás de Aquino; Maimónides, contemporáneo y colega suyo; el geógrafo Al-Idrisi, lector de los clásicos Estrabón y Tolomeo, e incansable viajero por tierras africanas y asiáticas, que vivió en la misma época; el místico Al-Arabi, muerto en 1240, cuyas obras se enseñaron en Oriente y ejercieron considerable influencia en figuras posteriores como el mallorquín Ramon Llull o el mismo Dante, o los historiadores Ibn Hayyan, sin duda el más importante de la España medieval, que vivió en el siglo XI, e Ibn Jaldun, que lo hizo ya en el XIV, en cuyas avanzadas teorías se ha visto el germen de la moderna historia social.

Tampoco abandonaron los andalusíes las ramas más lúdicas de la cultura, como la poesía y el arte. Los árabes habían sentido siempre predilección por una lírica tan formalista como melancólica. Sin embargo, llegados a España, se liberaron de los moldes heredados para adoptar formas más libres y temas más diversos, en especial tras la caída del califato cordobés, cuando los poetas áulicos disfrutaron de un crecimiento sin parangón. Alcanzó así la lírica andalusí cumbres muy elevadas, como las que se nos muestran en *El collar de la paloma*, verdadero tratado sobre el amor escrito en el siglo XI por el por otro lado severo teólogo Ibn Hazm, o los hermosos versos del rey sevillano Al-Mutamid, compuestos en la misma época. Sin embargo, la poesía más original y valiosa no fue la concebida para alegrar los refinados oídos de los poderosos. La moaxaja y el zéjel, sus más interesantes aportaciones, nacieron, bien al contrario, de la fusión entre la tradición popular y las formas impuestas por los invasores.

Y si la poesía andalusí es, ante todo, recreo para el alma, su arte lo es sin duda para los ojos. La Gran Mezquita, la Giralda, la Aljafería de Zaragoza, el sueño cordobés de Medina Azahara y, sobre todo, la belleza incomparable de la Alhambra, tan pobres en materiales constructivos como riquísimas en decoración, nos muestran como ninguna otra de sus manifestaciones culturales, el alma de un pueblo amante de la naturaleza. Un pueblo cuya sensibilidad exquisita se encontró con la de sus conquistados y, por supuesto, con las inevitables excepciones, no la cubrió con un manto ajeno y asfixiante, sino que se fundió con ella para alumbrar algo nuevo y distinto, árabe y musulmán, pero también hispano, una verdadera unidad de pensamiento y de vida.

4

La recuperación de España

> Parece indiscutible [...] que para la península ibérica y sus habitantes se había ido construyendo durante la Antigüedad y la Edad Media una identidad diferenciada de la de sus vecinos, y que tal identidad se designaba precisamente con los términos España y español.
>
> José Álvarez Junco:
> *Mater dolorosa. La idea de España en el siglo XIX*, 2001.

MONTAÑESES Y VISIGODOS

Mientras el huracán desatado por árabes y bereberes barría imparable la península, algunos nobles visigodos, quizá los pocos que creían en el Estado al que habían servido, encontraron en tierras del norte el asilo de las comunidades que habían rechazado durante siglos integrarse en la corriente principal de la Historia. Fundiendo su vitalidad y la herencia que ellos llevaban consigo —sus instituciones, su Iglesia— nacerían en las agrestes comarcas septentrionales algunos pequeños enclaves de resistencia al ocupante. Una primera victoria en Covadonga, poco más que una escaramuza que según algunos autores habría tenido lugar en el año 718 y, según otros, en el 722, les daría el aglutinante que necesitaban para iniciar la reconstrucción, a reducida escala, de una corte y un reino a imagen y semejanza del caído reino visigodo.

Los musulmanes no prestaron excesiva atención a los rebeldes encastillados en las montañas, a los que con evidente desprecio llamaron en sus crónicas *asnos salvajes*. Quizá por ello, los cristianos refugiados en tierras cántabras, navarras, aragonesas y catalanas pudieron reunir fuerza suficiente para, algo más tarde, lanzar sus primeras expediciones hacia el sur, al menos en el valle del Duero. Desalojados de allí los pocos bereberes que aún lo habitaban, crearon en él un vacío entre cristianos y musulmanes que les serviría de protección. No hay aún reconquista, ni como realidad ni como idea. Anima tan solo a los cristianos la pulsión de la supervivencia, la voluntad de preservar su independencia y su tradición.

A finales del siglo VIII, las cosas cambian. Reconquistada la antigua Septimania visigoda, los francos cruzan los Pirineos; se apropian de amplios territorios en sus faldas meridionales y, siguiendo su costumbre, constituyen con ellos una provincia militar fronteriza, la Marca Hispánica, que entregan para su gobierno a nobles locales de origen godo. Nacen así los condados de Aragón, Sobrarbe, Ribagorza, Gerona, Ampurias, Rosellón y Urgel, entre otros. Pero esta situación no puede durar. La corte franca está lejos, al otro lado de la impenetrable cordillera. Hacia fines del siglo IX, desmoronado el Imperio carolingio, la independencia será un hecho.

Los dos pilares de las Españas medievales se han formado ya, pues, antes del año 1000. Pero lo han hecho en un contexto bien distinto, que condicionará su evolución posterior. En el oeste, el reino astur se encuentra con un vacío demográfico que le ofrece la posibilidad de una rápida expansión. Galicia, abandonada por los bereberes, queda en manos cristianas. Un castillo tras otro asegura la defensa de un territorio cuya tranquilidad atrae a los mozárabes huidos de Al-Andalus, y a los agrestes cántabros y vascones, para sembrar de aldeas y villas las comarcas desiertas de la Tierra de Campos. Los monarcas asientan su trono sobre el principio de la sucesión hereditaria; hacen del *Liber Iudiciorum* de Recesvinto su código legal; desempolvan el ritual toledano, y se atreven enseguida a proclamarse legítimos herederos del Estado visigodo. Hacia el este, el futuro se antoja menos prometedor. No hay desierto demográfico meridional. Las tierras al norte del Ebro, con la excepción de la Plana de Vic, cuentan con una densa población arabizada que se niega a abandonarlas. La intervención de los francos impone, por otra parte, una lucha en dos frentes, pues los núcleos cristianos emergentes deben afirmar su independencia respecto al poder carolingio a la vez que se enfrentan a los musulmanes y tratan de ganarles terreno hacia el Mediodía. Los mismos cristianos están divididos. En Navarra, Aragón y Cataluña, que están forjando ya su personalidad, las luchas internas son constantes. No es extraño, pues, que, con el correr de los siglos, se afirme el núcleo castellanoleonés, menos dividido y sin señor cristiano del que independizarse, como la gran potencia peninsular.

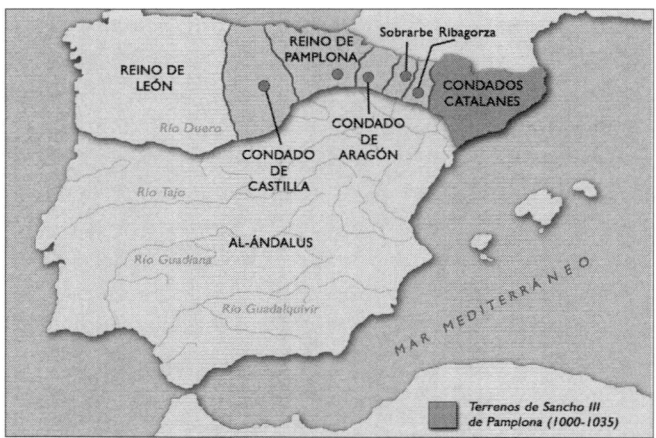

La Reconquista a la muerte de Sancho III (1035). El monarca navarro sometió a su dominio, de manera directa o indirecta, todos los territorios cristianos peninsulares. Puede, pues, decirse que a él debió la reconquista su primer gran avance, coincidente con el final del califato cordobés.

Con todo, la evolución de ambos núcleos de resistencia será, al principio, similar. Los primeros siglos no serán fáciles en ninguno de ellos. Incluso en el reino asturleonés las guerras civiles, aunque breves, son frecuentes cuando el soberano muere, porque la misma expansión del reino fortalece a la nobleza, privilegiada en los repartos de tierras arrebatadas al infiel. La heterogeneidad de las poblaciones que conviven bajo soberanía leonesa es, además, enorme. Y es cuestión de tiempo que las diferencias humanas y geográficas cristalicen en diferencias políticas, definiendo, poco a poco, una división nítida entre Galicia, León y Castilla.

Será ésta última la que, ya en el siglo X, reclame el papel protagonista. Poblada por gentes hechas a agruparse sin más para ocupar la tierra y trabajarla en beneficio propio, sin mediar órdenes de reyes ni monjes, alberga una sociedad de campesinos libres e iguales que prefieren gobernarse mediante leyes no escritas, hijas de la costumbre, rechazando como ajenos los códigos visigodos. Dispuestos a seguir como señores naturales tan solo a sus condes, más próximos y reales que los distantes monarcas leoneses, no es raro que los castellanos rompan pronto sus lazos con el envejecido León e inicien su propia andadura.

Un drama similar se repite en las tierras orientales. La fragilidad del poder central, agravada en este caso por la distancia, es evidente. No lo es menos la heterogeneidad de una construcción política, el Imperio carolingio, que carece de bases sólidas para preservar su unidad. Al sur, tierra también de frontera, los condes se comportan en la práctica como soberanos en sus tierras. También aquí tres núcleos definen pronto sus perfiles: Navarra, Aragón y Cataluña. Y también aquí el más oriental de los tres, el catalán, se revelará en posesión de la mayor vitalidad. El futuro poder rector de la Corona de Aragón se estaba gestando ya a finales del siglo X, cuando, émulo del castellano Fernán González, el conde catalán Borrell II proclama la extinción de su dependencia feudal* de los francos. El mito, poderoso fermento de unidad para las comunidades nacientes, pronto acudirá en su ayuda. En el pendón catalán, cuatro barras rojas sobre fondo amarillo, querrá ver la tradición la sangre de un conde, Wifredo el Velloso, con la que un rey de los francos trazó franjas carmesíes sobre un escudo dorado.

Pero la pujanza de los Estados septentrionales tardará en consolidarse. Su fuerza es todavía un espejismo, magnificado por la debilidad comparativa del califato crepuscular. La eclosión de las taifas, a comienzos del siglo XI, alimenta el impulso cristiano. Sancho III, rey de Navarra, somete a su voluntad, aunque en distintos grados, la totalidad de los reinos y condados. La reconquista parece, a ojos de muchos, empresa alcanzable para una generación. Pero no es así. Los reyes cristianos no poseen todavía un concepto moderno de Estado. Para ellos, sus reinos son un patrimonio que dejan a su muerte a sus hijos. Así obra el monarca navarro, y así lo harán cuantos reyes tengan en su mano, en las centurias siguientes, la posibilidad de legar sus reinos reunidos a uno solo de sus descendientes. Hacia comienzos del siglo XI puede hablarse ya de un ideal y una voluntad clara de reconquista, pero, así las cosas, su efectividad es aún limitada.

REPOBLACIÓN

Mientras los reyes guerreaban, a veces entre sí, a veces contra el moro invasor, debemos reparar también en la vida de los humildes, cuyo sacrificio sostenía los empeños de sus señores. Los pobladores de aquellos reinos procedían casi siempre de otros lugares. La repoblación fue, de una u otra forma, el cimiento sobre el que fue creciendo el Estado edificado por los monarcas leoneses, y para llevarla a cabo se exploraron todos los caminos posibles: el oficial, dirigido por los reyes mismos, que prefirieron repoblar primero las comarcas anejas

Breve historia de España I: Las raíces

Sucesivos sistemas de repoblación utilizados por los monarcas cristianos a lo largo de la Edad Media. Desde una primera fase en que la iniciativa correspondía al propio campesino, se pasó a otros en que la tierra, dividida en grandes lotes, se entregaba a la nobleza o a las órdenes militares. Como consecuencia de ello, la estructura de la propiedad de la tierra será luego muy distinta en las diversas regiones españolas.

a las viejas ciudades y las fortalezas nuevas; el emprendido por nobles y obispos, que erigieron castillos o fundaron monasterios, asentando alrededor a los colonos que acrecentaban sus rentas; el recorrido, en fin, por los mismos campesinos libres, que diseminaron sus aldeas y poblados en torno a monasterios y plazas fuertes, buscando la protección de sus muros.

Durante siglos, la tierra, abandonada y yerma, perteneció a quien la ocupase en primer lugar. Luego, la presión de los nobles y abades sobre el pequeño campesino le llevaría muchas veces a perder su libertad, entregándoles su propiedad a cambio de protección para seguir cultivándola

Vista de La Serrota, en la localidad abulense de Villafranca de la Sierra. Se observan a la derecha dos cañadas para el paso de ganado. La fundación de la Mesta (1273) resolvió el secular litigio entre agricultores y ganaderos al determinar el derecho de los rebaños de ovejas a moverse entre el norte y el sur de la península, en busca de pastos, siguiendo unas vías especialmente habilitadas para ello que se denominaban cañadas.

por el pago de una renta. Esta fue la tendencia, que se afirmó con fuerza cada vez mayor mientras avanzaban hacia el sur los ejércitos cristianos. Y, al cambiar la propiedad de la tierra, cambiaban también las relaciones sociales. El campesino libre, tan mimado al principio, cuando se le necesitaba para asegurar el control recién ganado de las tierras, fue cayendo bajo la dependencia de los señores laicos o eclesiásticos, que acumulaban crecientes patrimonios y juraban fidelidad y ayuda militar a los reyes a cambio de exenciones fiscales y el gobierno y los tributos de los condados. Riquezas todas ellas que después compartían con la nobleza de segunda fila, caballeros e infanzones, a cambio de idénticas fidelidades sobre las que se iba, poco a poco, construyendo una pirámide feudal.

Si la construcción no se concluyó antes del año 1000, solo fue por las distorsiones que la propia reconquista introdujo. El número de pequeños campesinos libres era demasiado grande para desaparecer en unas décadas; el ritmo de la conquista de nuevas tierras, demasiado lento; el peso de las viejas instituciones comunitarias de las gentes del norte, demasiado fuerte, y el carácter militar y de frontera de la sociedad leonesa, demasiado marcado para que los reyes, ante todo caudillos militares, perdieran por completo su poder frente a los magnates. Castilla, durante siglos la tierra de frontera por excelencia, conservó en mucha mayor medida casi todas esas características. El castellano por excelencia era un campesino libre vinculado a sus vecinos por fuertes lazos comunitarios y habituado a defender su vida en las frecuentes escaramuzas fronterizas. Por ello preservó Castilla durante más tiempo la libertad de sus gentes. Galicia y León, donde la herencia visigoda era más sólida y las acuciantes necesidades de la guerra se atenuaron antes, se «feudalizaron» con mayor rapidez. No muy distinta, una vez más, fue la historia hacia el este. Se detecta aquí idéntico retroceso de la pequeña propiedad libre, al principio dominante, frente al señorío de nobles y monasterios. La pujanza económica de los magnates tiene su correlato social y político en el acúmulo de cargos, rentas y privilegios a cambio de servicios militares prestados al soberano. La pirámide feudal se halla también, por tanto, en trance de formación, pero sin concluir. Todavía al llegar a su fin el primer milenio de nuestra era es fuerte en Navarra y Aragón la comunidad aldeana de pequeños propietarios libres vinculados por fuertes lazos comunales. Solo en tierras catalanas el proceso parece a punto de culminar. Pero la feudalidad plena tampoco se ha impuesto aún por completo al concluir el año 1000. Los lazos de dependencia personal se extienden poco más allá de la alta nobleza próxima al conde, y, como al oeste, resisten aún fuertes comunidades campesinas que defienden celosas su autonomía.

La vida económica corre pareja a la evolución de los lazos sociales. Hasta el siglo X, la mayoría de la población vive sumida en un estado de mera subsistencia. El campo lo es todo. La ciudad no existe. La moneda apenas circula; no es necesaria en un mundo en el que no existe nada que comprar o vender. Los mercados no son sino pequeñas ferias semanales a las que los campesinos acuden a ofrecer sus escasísimos excedentes y a procurarse a cambio lo que ignoran cómo fabricar por sí solos.

El mundo del espíritu sufre idéntica postración. La raquítica base material, la nula vitalidad de las ciudades y la polarización de las energías colectivas hacia la guerra no favorecieron el despertar de la cultura, víctima de una parálisis casi completa. Solo algunas luces, muy débiles, titilaban en los monasterios que reyes y condes fundaban en las tierras despobladas. En ellos copiaban los monjes una y otra vez seculares manuscritos de los Padres de la Iglesia; ilustraban, como hiciera Beato de Liébana en el siglo VIII, el Apocalipsis, o, en el mejor de los casos, redactaban cronicones que aspiraban a llamarse obras de historia. Solo en los cenobios catalanes, enriquecidos por la interacción constante entre la cristiandad europea —personificada en el Imperio carolingio— y el islam andalusí, hallamos obras científicas de alguna importancia.

    No es menos triste el paisaje artístico. Los templos ramirenses de Santa María del Naranco o San Miguel de Lillo, levantados cerca de Oviedo a mediados del siglo IX, las iglesias catalanas de Tarrasa o los posteriores edificios mozárabes, que llevan hacia el norte su contundente herencia oriental, no son mucho más que pequeñas ermitas rurales. Solo un tesoro, si bien de incalculable valor, ha empezado ya a crecer en medio de aquel páramo cultural. El latín, en su imparable degeneración, alimentada por el aislamiento, muere y renace bajo la forma de lenguas nuevas y distintas. Es el romance, que se encarna en hablas diferentes en cada comarca, y que, al correr del tiempo, da lugar a nuestras lenguas modernas: el catalán, el gallego y la más pujante: el castellano. Llamado este a ser *lingua franca* peninsular, despunta ya en el siglo X como lengua literaria en la humilde pero prometedora modestia de las *Glosas Emilianenses* y *Silenses.**

Reconquista

Pero algo muy importante estaba ya cambiando en el siglo XI, verdadera bisagra del Medievo hispano. Hasta ese momento, los reinos y condados cristianos se habían limitado a lanzar sobre las tierras de frontera periódicas *razzias* que las despoblaban de invasores para repoblarlas luego con campesinos procedentes del norte o mozárabes cansados de su marginación en tierras andalusíes. Lo que ocupaban se encontraba ya, en su mayor parte, abandonado. Será ahora, en el siglo XI, cuando empiece a producirse el cambio de soberanía de territorios y poblaciones; cuando, por vez primera, gentes de religión musulmana se vean obligadas a vivir bajo el dominio de monarcas cristianos. Pero la reconquista no es la mera inversión cristiana de la conquista musulmana, sino algo muy distinto.

Es distinto, en primer lugar, su ritmo. En menos de una década, los musulmanes habían sojuzgado la península entera; los cristianos requerirán, desde el momento en que arraiga en ellos la voluntad de reconquista, casi cinco siglos hasta rendir Granada, el último bastión de la media luna. No es raro, pues, que la reconquista tuviera tiempo suficiente para impregnar el alma hispana de costumbres, valores y objetivos que la marcarán profundamente y se prolongarán en buena medida en la Edad Moderna.

No es menos diferente, en segundo lugar, el protagonismo de la lucha. Unos pocos miles de hombres habían derribado, sin apenas combates, un reino habitado por millones. Ejércitos enteros serán necesarios para exterminar el poder musulmán renacido una y otra vez de sus cenizas. La conquista musulmana había sido obra, además, de un poder único. La reconquista habrá de esperar a mediados del siglo XII para beneficiarse de una mínima coordinación de esfuerzos entre los monarcas cristianos, y solo algo más tarde, cruzada la frontera del XIII, contará con un actor exclusivo, la Corona de Castilla.

No será tampoco, por último, semejante la actitud de musulmanes y cristianos hacia el enemigo vencido. Los primeros, excepción hecha de los fanáticos almorávides y almohades, fueron, por lo general, bastante respetuosos con cristianos y judíos, a los que raras veces trataron de convertir por la fuerza. También lo fueron al principio los segundos, pero tras las grandes conquistas del siglo XIII, los proyectos de convivencia pacífica auspiciados por monarcas de la talla de los castellanos Fernando III y Alfonso X se vinieron abajo ante un clima de creciente violencia popular contra judíos y falsos conversos, y concluyeron con expulsiones y huidas masivas. La personalidad moderna de España, fundida en el crisol de la reconquista, no será la hija deseada de las tres culturas que convivieron en los siglos medievales, sino el fruto podrido de la voluntad de una de ellas de imponerse sobre las demás. El poso cultural de musulmanes y judíos, sin embargo, no desaparecerá del todo.

Sobre el escenario que definen estos parámetros se representó el dilatado drama de la reconquista. Veamos, pues, a grandes rasgos, cuál fue su argumento.

Digamos, para empezar, que no se trató de una historia lineal o progresiva. Se desarrolló, bien al contrario, alternando momentos intensos, impulsos de febril actividad, vinculados a la especial energía de un monarca, la decadencia del poder musulmán o los cambios en el panorama económico, y momentos de pasividad, consecuencia de crisis internas en los reinos cristianos o de la presencia de fuerzas norteafricanas que, de manera temporal, revitalizaban la capacidad de resistencia de los musulmanes. Así sucedió desde los mismos comienzos, bajo el reinado del navarro Sancho III, en los albores del siglo XI, cuando el derrumbamiento definitivo del califato cordobés dejó frente a los Estados cristianos una pila de escombros, los reinos de taifas. Es entonces cuando los dos protagonistas de la reconquista, Castilla y Aragón, cobran vida, desligándose de la heterogénea amalgama de reinos y condados amasada por el monarca navarro, y se disponen a ganar para sí un lugar en la historia.

Es Castilla la que toma la iniciativa. Fernando I, su primer rey, derrota y mata al monarca leonés, su cuñado Vermudo III, y se anexiona su reino; recupera las tierras castellanas cedidas por su padre a los navarros; conquista Coimbra y otras plazas fronterizas, y hace tributarios suyos a los reyes moros de Zaragoza, Toledo y Sevilla. A su muerte, en el 1065, reparte entre sus tres hijos Galicia, Castilla y León. Parece, por un momento, que todo va a perderse. Pero uno de sus vástagos, el leonés Alfonso VI, se reveló tan enérgico y decidido como su padre, cuya herencia terminó por reunir de nuevo en sus manos. Este acúmulo de territorios le permitió despreciar el cobro de las parias, que al principio le había tentado, y lanzarse a la ocupación directa del territorio musulmán. En 1085, los castellano-leoneses rinden Toledo; sellan su hegemonía peninsular con la proclamación de su rey como *Emperador de toda España*, y restauran a la sede episcopal toledana su carácter de primada. La línea del Tajo se consolida como frontera entre cristianos y musulmanes, y toda Al-Andalus parece amenazada por Alfonso VI. Solo las victorias almorávides en Sagrajas, ya en el 1086, y Uclés, en el 1108, detuvieron en seco tan increíble progresión de las tropas castellanas. Pero se trató de un respiro antes que de un retroceso. Los fanáticos norteafricanos no fueron capaces de mandar a los castellanos de vuelta a los fríos páramos norteños.

Los aragoneses no pudieron igualar, en estos años, el tremendo vigor castellano. Rey de Aragón a la muerte de Sancho III, en el 1035, Ramiro I gobierna un territorio pobre, poco poblado y bloqueado en su posible avance hacia el sur por la protección dispensada a la taifa zaragozana por navarros y catalanes, enriquecidos por sus parias. Es la Cataluña de Ramón Berenguer I, entre el 1035 y el 1076, la que, alimentada por los tributos musulmanes, prepara su futura expansión. Pero Aragón despierta pronto. A finales del siglo XI, Pedro I, que ocupa el trono entre 1094 y el 1104, recupera Huesca y Barbastro. Su hijo, Alfonso I, llamado el Batallador, se apropia poco después de Zaragoza, en el 1118, y Tudela y Tarazona al año siguiente. La reacción almorávide frenó su avance, que tampoco convenía a los condes catalanes, e impidió que llegara hasta Valencia, como era su objetivo. Pero tampoco aquí lograron los fanáticos invasores magrebíes hacer volver grupas a los guerreros del norte. Zaragoza y el valle del Ebro permanecerán en manos cristianas.

Tras el esfuerzo, agotador, sobreviene la crisis. Castilla, a la muerte de Alfonso VI, en 1109, se sume en una cruenta guerra civil, que solo concluye, veintisiete años después, cuando asciende al trono Alfonso VII. En Aragón, las cosas no van mucho mejor. Muerto el Batallador sin herederos en 1134, su testamento, que lega el reino a las órdenes militares, sirve de pretexto para una nueva y definitiva ruptura entre Aragón y Navarra, los dos territorios sobre los que reinaba. Además, el nuevo monarca aragonés, Ramiro II, carece de herederos varones y la Santa Sede no ha visto con buenos ojos una designación que, como protectora de las Órdenes Militares, perjudicaba sus intereses. El conflicto solo se cerrará cuando, en 1137, Petronila, hija y heredera de Ramiro, case con el conde catalán Ramón Berenguer IV, que pertenece a la Orden del Temple. El vástago de este matrimonio, Alfonso II, gobernará sobre Aragón y Cataluña, unidos ya de forma definitiva en lo que pronto se conocerá como Corona de Aragón.

Pero, mientras, será otra vez Castilla quien, superadas las dificultades, asuma el liderazgo de la reconquista. Alfonso VII, llamado el Emperador (1126-1157), resucita y aun amplía el sueño de su abuelo. Bajo su autoridad se hallan de nuevo unidas Castilla y León, cuyas coronas ciñe, pero también Navarra, Aragón y Portugal, que le rinden vasallaje, aunque más bien nominal en el caso de los portugueses, ya independientes en la práctica aunque no les sea reconocida tal condición hasta mucho más tarde, en 1268. Así fortalecido, se enfrenta de nuevo a la tarea de la reconquista. Desprestigiados los almorávides por su excesivo celo religioso, el monarca castellano no duda en combinar promesas y apoyos, amenazas y halagos para mantener divididos a los nuevos reinos de taifas mientras avanza con decisión hacia el sur, trazando una nueva frontera que alcanza, si bien por poco tiempo, incluso el puerto de Almería. La invasión almohade, sin embargo, parecía llamada a repetir la historia de unas décadas antes. Pero en esta ocasión los cristianos aparentan haber aprendido de sus errores: a la unidad de la media luna no cabía oponer sino la unidad de la cruz. La reconquista no podía tener éxito si los reinos del norte no sumaban sus esfuerzos. El Tratado de Tudillén comprometía desde 1151 al fin a castellanos y aragoneses en un esfuerzo común y concertado. Castilla debía ocuparse de Andalucía; Aragón, de Valencia y Murcia.

Quizá por ello la crisis es más corta esta vez. En 1157, a la muerte de Alfonso VII, vuelven a dividirse los reinos de Castilla y León. Almería retorna ese mismo año a manos musulmanas y no mucho después, en 1172, los almohades logran la reunificación de Al-Andalus bajo su autoridad. Los castellanos, que se han precipitado en la respuesta, caen en 1195 derrotados en Alarcos. Pero el camino está trazado y basta con seguirlo. En Las Navas de Tolosa, cerca de Despeñaperros, en la actual provincia andaluza de Jaén, un ejército combinado a las órdenes de Alfonso VIII de Castilla, Pedro II de Aragón y Sancho VII de Navarra aplastaba en 1212 la efímera pujanza almohade y daba a luz a una nueva generación de reinos de taifas llamados a ser, una vez más, títeres en manos de los monarcas cristianos. Un año después, el rey aragonés Pedro II cae derrotado en Muret ante los cruzados de Simón de Montfort, enviados por Roma a la Cataluña francesa para extirpar por la fuerza la herejía albigense*. Las puertas de la expansión catalana hacia el norte, abiertas al menos de modo potencial durante los siglos anteriores, se habían cerrado para siempre. La combinación de ambos sucesos sella el destino de la España musulmana. Castilla, unida definitivamente a León desde 1230 bajo el cetro de Fernando III el Santo (1217-1252), se extiende imparable por La Mancha y Extremadura, somete el reino de Murcia, que le había sido atribuido en 1179 por el nuevo Tratado de Cazorla, y conquista la mayor parte de Andalucía. Aragón, sacado a la fuerza del sueño europeo, no tiene más camino ahora que el del sur. De la mano de Jaime I el Conquistador (1213-1273), incorpora los reinos de Valencia y Mallorca y abre las puertas hacia un nuevo destino, marítimo y comercial, para la Corona de Aragón. Pedro III, su hijo, dará el primer paso al ganar para sí la Sicilia alzada en armas contra el francés Carlos de Anjou en 1283. Hacia mediados del siglo XIII, sin embargo, la reconquista se detiene. Castilla está exhausta; Aragón mira ya hacia Oriente. Granada habrá de esperar doscientos cincuenta años.

EL RENACER DE LA VIDA URBANA

Pero mientras, Europa está cambiando. Concluida la última oleada de invasiones de los pueblos nórdicos y eslavos, la ansiada paz ha dado al fin un respiro a la actividad económica y reforzado con ello el crecimiento

Pendón arrebatado a los almohades en la batalla de Las Navas de Tolosa, monasterio de las Huelgas Reales, Burgos. Tejido en seda, plata y oro, adornaba, según se cree, la entrada a la tienda del sultán Abu Yusuf, conocido por los cristianos como Miramamolín. La trascendencia de la batalla fue tal, que ha quedado grabada para siempre en el escudo de España, cuyas cadenas, tomadas del pendón navarro, recuerdan las que hubieron de romper los soldados de este reino para apresar al caudillo almohade, cuya tienda protegía un pelotón de esclavos encadenados.

demográfico. La agricultura, impulsada por decisivos avances técnicos, resurge de las tinieblas medievales más productiva y eficiente, y su capacidad para alimentar a las engrosadas poblaciones de Occidente es ahora mayor. Agotadas las tierras de labor, se ponen en explotación nuevas fincas arrancadas a pantanos y bosques. La cristiandad se extiende hacia el este al paso cansino de labriegos y monjes, mientras los cruzados tratan de arrebatar al infiel los Santos Lugares. Las cosechas, más abundantes, y la población, más numerosa, sacan al mundo urbano de su letargo secular. La artesanía renace; el comercio despierta; la moneda vuelve a circular. El aire de la ciudad se llena otra vez con el bullicio olvidado de las urbes romanas, y junto a clérigos y sirvientes habitan de nuevo artesanos y comerciantes nada dispuestos a inclinarse ante la nobleza ociosa. Ajena a los lazos feudales, la burguesía busca en los reyes la garantía de su libertad y, con su dinero aún caliente, restaura los tronos roídos por la carcoma del feudalismo. El Estado se recompone. Los monarcas, deseosos de legitimar su nueva posición, vuelven los ojos al Derecho romano y lo desempolvan para buscar entre las viejas leyes la garantía de su autoridad, que deben defender dentro de su propia casa frente a la nobleza reacia a renunciar a sus inmunidades y fuera de ella, ante emperadores y papas afanosos de imponerse sobre los monarcas cristianos. La Iglesia, superados ya los siglos oscuros, renace de la ignorancia y el oscurantismo; redescubre la razón, y se adapta a los nuevos tiempos. Franciscanos y dominicos, poco amigos de la paz de los claustros, andan los caminos predicando su verdad a las gentes de ciudades y campos y ofreciéndoles una alternativa ortodoxa a las heréticas sugerencias de cátaros y valdenses. Y la cultura sale al fin de los monasterios para iniciar en las universidades un prometedor futuro.

Algo semejante sucede en los reinos hispánicos. Al oeste, la repoblación, antes tarea de esforzados campesinos que ocupaban por sí mismos las tierras abandonadas por los musulmanes, es ahora obra colectiva y dirigida por los mismos monarcas. Puesto el horizonte en la línea del Tajo, predomina la fundación de concejos que reciben del soberano fueros que garantizan su libertad. Rebasado este río, ingentes ya los territorios que cambian de manos, las órdenes militares, primero, y la nobleza, después, toman el testigo de la repoblación, mientras la gran propiedad, el señorío y la servidumbre desplazan el igualitarismo concejil. El resultado es un complejo agregado de formas sociales y económicas. En Galicia y León, los campos adoptan la forma característica del señorío, con reservas trabajadas por siervos y parcelas cedidas a cambio de rentas y de las prestaciones forzadas de trabajo llamadas corveas. El campesino queda fijado a la tierra, y su condición apenas se distingue de la del siervo. Castilla, sin embargo, conserva por más tiempo su estructura de pequeños propietarios libres protegidos por sólidos concejos y amparados por el interés de los monarcas en contar con su apoyo frente a las pretensiones de la nobleza. También aquí el señorío gana terreno, pero es un señorío de *behetría,* que garantiza al campesino humilde la libertad de cambiar de señor a voluntad. Por último, las tierras recobradas desde el siglo XII, ganadas con el concurso imprescindible de los aristócratas, reproducen a mayor escala, en sus vastos latifundios, el paisaje del oeste. Mientras, al este, aragoneses y catalanes encuentran la tierra conquistada bien poblada de austeras gentes que se agarran con firmeza a sus fincas y en ellas permanecen aun a costa de la dura servidumbre impuesta con rigor por los nuevos señores cristianos. La repoblación no es ya necesaria, y la nobleza, beneficiada por el reparto de las nuevas tierras, cuenta con sólidos argumentos para plantar cara al renaciente poder real.

No es la repoblación, por tanto, con la excepción de Castilla, el principal elemento diferenciador entre los reinos orientales y los occidentales. Lo será la actividad económica y sus consecuencias en el plano de las relaciones sociales. Al oeste, la agricultura experimenta escasos avances. Las técnicas y los cultivos, sometidos a las exigencias del clima y la tierra, son casi los mismos. Pero la rapidez del proceso reconquistador y la consiguiente escasez de mano de obra priman las tareas que la requieren menos, y la aristocracia triunfante prefiere las actividades que aseguran un beneficio rápido, algo que no podía disgustar tampoco a los monarcas ávidos de tributos. Así, el cultivo de los campos deja paso a la ganadería, más atractiva para la nobleza y los monarcas y menos exigente en brazos que la agricultura. Ingentes rebaños de ovejas merinas se extienden por los campos extremeños, castellanos y andaluces. Su lana, alimento de las manufacturas textiles de Flandes, Inglaterra y Francia, afluye en continua corriente hacia los puertos del norte, desde Santander hasta la guipuzcoana

Fuenterrabía, que crecen engordados por el blanco tesoro que se amontona en sus almacenes. Y el sindicato de propietarios de rebaños, la Mesta* acumula desde 1273 privilegios que cargan sobre las sufridas espaldas del relegado agricultor. Con ello, la economía sacrifica sus posibilidades futuras de desarrollo y renuncia en favor de las prósperas naciones septentrionales a un sector, el textil, que, al correr del tiempo, servirá de base primera al nacimiento de la industria moderna. Artesanos y gremios, ferias y mercados, comerciantes y cambistas existirán en los reinos occidentales, pero su peso será mucho menor. Las urbes crecen, pero más despacio. Las dos características que definen la ciudad medieval, la libertad y la economía artesanal y comercial, rara vez se dan simultáneamente. Los concejos castellanos son libres, poseen su propia nobleza villana, similar al patriciado de otras ciudades de Occidente; disfrutan de magistrados y fueros propios, pero no viven del comercio y la artesanía, sino del cultivo de los campos y el pastoreo de los rebaños. Las dinámicas ciudades del Camino de Santiago*, beneficiadas a partir del siglo XI por la demanda de los peregrinos europeos y el establecimiento de colonias francesas de artesanos y mercaderes, disfrutan de un activo comercio, pero rara vez son libres. Casi siempre han crecido bajo la sombra amenazante de un noble orgulloso o un poderoso abad que les impone las trabas, las cargas y las prestaciones propias del señorío.

Bien distinto es el panorama que ofrece la economía catalana. Bloqueado por la fuerza el proceso de expansión al norte y limitado el camino de la reconquista al reino de Valencia por los tratados firmados con los monarcas castellanos, a Cataluña no le resta sino dejarse seducir por las brisas del Mediterráneo. Apenas nacido el siglo XI, extramuros de sus villas episcopales y militares nacen, como en el resto de Europa Occidental, los primeros barrios de artesanos y mercaderes, los primeros *burgos*. Conquistadas las Baleares, el impulso se hace irresistible. Las barras de Aragón ondean en los barcos catalanes, que, repletos de paños, vidrio y artículos de lujo, parten hacia el oriente y regresan cargados de especias, perfumes o esclavos que revenden con ganancias fabulosas en los puertos europeos y africanos. Con Barcelona y Valencia al frente, las ciudades crecen al ritmo de las rutas comerciales compartidas o duramente peleadas con venecianos, genoveses y pisanos. Y en ellas se engrosa y fortalece una poderosa clase de ricos burgueses, libres y ajenos a los lazos feudales, que pronto pretenden transmutar en poder político su bien ganada riqueza, aupándose primero al Gobierno de las ciudades y reclamando después su papel en el del reino.

Y es que tan importantes cambios no podían dejar de tener su correlato en el terreno político. El poder de los monarcas se robustece. Los fueros concedidos a ciudades y villas les permiten asentar su autoridad sobre bases más firmes. Las parias, que alimentan su tesoro, les proporcionan recursos abundantes y seguros. La guerra continua, al menos hasta mediar el siglo XIII, hace de ellos caudillos militares a los que se debe obediencia, y acrecienta su patrimonio territorial, permitiéndoles comprar la lealtad de los nobles. Luego, cuando la reconquista se detiene, la implantación de nuevos impuestos y, sobre todo, la alianza con la burguesía emergente, permite a los reyes conservar el terreno ganado. Los habitantes de las ciudades, deseosos de que se les garantice la libertad imprescindible para su quehacer mercantil, alimentan con subsidios las arcas reales y, a cambio, reciben el derecho a sentar a sus procuradores en la Curia Regia, antes privilegio exclusivo de nobles y clérigos. Nacen así las Cortes. Las primeras, convocadas en León en 1118, inauguran una práctica que será pronto exportada a toda Europa. Aragón las introduce de manera estable en 1283, pero de manera separada para cada uno de sus reinos, Aragón, Cataluña y Valencia. Sintiéndose seguros, los soberanos exigen el reconocimiento de su primacía. Ya no les basta ser el primero entre los nobles; desean colocarse por encima de ellos. Desentierran entonces la concepción romana del Estado y emprenden la unificación legislativa de sus reinos, que, excepción hecha de las tierras de señorío, tratan de reducir a un patrón único de Gobierno centralizado y cada vez más dependiente de la burocracia palatina. Alfonso X el Sabio en Castilla (1221-1284) y Jaime I el Conquistador en Aragón (1208-1276) fueron los protagonistas de un proceso que no podía dejar de provocar fuertes reticencias entre la nobleza.

La cultura se beneficia sobremanera del despertar general. El Camino de Santiago, caudal inmenso de gentes y de ideas, alimentado por puentes y caminos, hospitales y exenciones fiscales, estrecha los lazos entre la España medieval y sus vecinos europeos. Sus pere-

Lonja de Valencia. Obra maestra del gótico tardío construida a finales del siglo xv para albergar las transacciones comerciales y financieras de la ciudad, este edificio muestra, como su homóloga barcelonesa, que no se ha conservado, el nivel de desarrollo alcanzado por el comercio marítimo en los reinos costeros de la Corona de Aragón.

grinos difunden por Europa las aportaciones culturales del islam, después de sembrar en tierra hispana las semillas de la liturgia romana y la reforma monacal cluniacense*, y cavar en los campos peninsulares los cimientos del bellísimo arte románico. Las iglesias y monasterios se diseminan a lo largo de la ruta jacobea para marchar luego hacia el sur hasta alcanzar los parajes abulenses y segovianos. Ripoll y Sant Climent de Taüll, en Cataluña; Jaca, Leyre y San Juan de la Peña en tierras navarras y aragonesas; San Martín de Frómista y San Isidoro de León, ya en los reinos occidentales, y otras miles de iglesias esparcidas por el norte de la Meseta muestran una belleza maciza, rural y humilde, de dimensiones todavía humanas, lejos, con la excepción de la hermosa catedral de Santiago de Compostela, de la desmedida ambición del gótico.

Pero si el románico trae a nuestras mentes reminiscencias rurales, la ciudad reclama ya junto al monasterio un papel protagonista en la cultura medieval española. En ella, la coexistencia de las tres culturas promete un fermento espiritual que no podía por menos que resultar enriquecedor. Toledo, y su Escuela de Traductores, albergan a los mejores filósofos y encauzan una magna obra de traducciones en las que los sabios helenos, persas, mahometanos o hindúes son vertidos al árabe, al griego, al latín y al castellano. Al igual que en el resto de Occidente, brotan también en los reinos hispánicos las primeras universidades, flor nueva del paisaje urbano que desconoce la vieja quietud de claustros y escriptorios monacales. Lo hacen primero en Castilla y León, donde se fundan las de Palencia y Salamanca ya en el siglo XIII, y luego en la Corona de Aragón, donde ven la luz en el siglo siguiente las de Lérida y Huesca. Y las lenguas recién nacidas, humildes aún ante el orgulloso latín de la cultura oficial, ascienden al fin a la categoría de idiomas literarios de la mano de monarcas como Alfonso X, cultivador del gallego y del castellano, clérigos como Gonzalo de Berceo o Ramón Llull y cantores anónimos como el del *Mío Cid*.

No menor será el protagonismo de lo urbano en el mundo del arte. La reminiscencia rural del románico, triunfante en los siglos X y XI, muere luego por completo en el gótico, estilo urbano por excelencia, a través del cual desean las ciudades testimoniar su pujanza, encarnada en enormes catedrales que apuntan a los cielos con vocación de arañar el infinito, así como alcanza la razón humana el conocimiento de la verdad, simbolizada en la luz esplendorosa que, a través, de las vidrieras, inunda el interior de las iglesias. Procedente de Francia, arraigó el gótico en Castilla de la mano de los primeros cistercienses, monjes llegados de más allá de los Pirineos entregados a la revitalización de la decadente vida monacal mediante la sobriedad y el trabajo. Junto a los monasterios, las primeras catedrales se erigen en tierras castellanas en el siglo XIII. Burgos, Toledo y León toman así la delantera a las ciudades aragonesas y catalanas, que se incorporan al flamante estilo al comenzar el XIV y, menos obsesionadas que las francesas por la verticalidad y la luz, le confieren una personalidad especial, manifiesta en las hermosas catedrales de Barcelona y Palma de Mallorca.

El otoño del Medioevo

Tras el decidido despertar de los siglos XI al XIII, Europa se detiene agotada por el esfuerzo. El siglo XIV se perfila con los rasgos de una profunda crisis. Víctima de las limitaciones estructurales propias de la economía agraria tradicional, la población había crecido tanto entre los siglos XI y XIII que solo la explotación excesiva de las tierras y la puesta en cultivo de terrenos poco aptos había permitido, al precio de una alarmante caída de los rendimientos, alimentar tal número de nuevas bocas. Inexorable, la naturaleza terminó por cerrar su generosa mano y reclamar su peaje de hambre y malnutrición, debilitando la resistencia natural de los europeos y convirtiéndolos en presa fácil de las epidemias y la muerte. La Peste Negra, llegada de Oriente hacia 1348, acabó en pocos años con más de un tercio de los pobladores de Europa Occidental, convirtiendo algunas comarcas en verdaderos desiertos demográficos. La artesanía y el comercio tardaron poco en acusar el golpe. Arrastrada por la brusca caída de la demanda, la producción manufacturera entró en una profunda crisis, agravada por la falta de mano de obra en las hacinadas y sucias ciudades, víctimas preferidas de la peste. El tráfico mercantil y la circulación de la moneda, en estrecha dependencia de la artesanía, se hunden.

La sociedad, golpeada en sus cimientos, sufre una gran conmoción. En el campo, los señores tratan de compensar la caída de sus rentas aumentando la presión sobre los campesinos supervivientes, que estallan en violentas rebeliones o huyen desesperados a la ciudad, donde engrosan involuntariamente el número de desempleados nacidos del colapso de las manufacturas. Las revueltas urbanas se multiplican. El odio entre pobres y ricos se hace más intenso y poco tarda en encontrar en las minorías étnicas y religiosas el chivo expiatorio sobre el que descargar la violencia que albergan los espíritus. Los judíos sufren crueles persecuciones. Los sectores sociales acomodados se agitan también. El fantasma de la guerra recorre otra vez Europa, y los monarcas ven cómo la nobleza cuestiona de nuevo su poder apenas recuperado. Angustiados, los europeos reflexionan sobre la inconsistencia de la vida y, sin encontrar consuelo en un clero inculto e inmoral, abrazan con desesperación doctrinas pronto tenidas por herejías que se extienden por doquier; rinden culto a la muerte igualadora de los desniveles sociales, y plasman su desasosiego espiritual en un arte que huye de toda mesura.

 La península ibérica deberá pasar una prueba semejante. En 1348, la peste alcanza las costas levantinas, penetra hacia el interior y llega a Castilla y Portugal. En algunas comarcas, la población se reduce a la mitad o incluso a la tercera parte. A veces se necesitarán casi dos centurias para lograr la recuperación. Castilla, que cuenta con una población de entre cuatro y cinco millones de almas al comenzar la centuria, solo alcanza una cifra próxima al alborear el siglo XVI. Algo similar sucede en Aragón, Valencia y Navarra. Pero Cataluña, sacudida con mucha mayor dureza, no llega a recuperarse. Sus apenas quinientos mil habitantes de 1300 se han convertido en poco más de la mitad dos siglos después. La economía acusa el golpe. En Castilla, la falta de brazos da la puntilla a la agricultura, que solo comienza a mejorar después de 1400, e impulsa aún más la ganadería ya bendecida por la Corona y los magnates laicos y eclesiásticos. Los rebaños de ovejas crecen sin cesar y Castilla sucede a Inglaterra como suministrador principal de las hilaturas flamencas. Las manufacturas, por el contrario, solo alcanzan a satisfacer las necesidades locales o regionales. Su calidad, mediocre, no colma el gusto de los clientes más pudientes, que prefieren los tejidos de importación. El comercio tardará, así, en despegarse de la mera exportación de lana, aceite, vino y algunos minerales, aunque la fructífera asociación entre marinos vascos y mercaderes meseteños, que llevará el comercio castellano por los mares septentrionales en la centuria siguiente, se inicia ya en ésta. Estancamiento y retroceso en el siglo XIV; recuperación y auge en el XV definen, pues, la coyuntura bajo medieval en la Corona de Castilla.

La evolución de la economía aragonesa no puede reducirse a una ecuación tan simple. El siglo XIV fue nefasto para todos los reinos que, bajo un mismo soberano, integraban la Corona de Aragón, pero de manera desigual. La recuperación del XV, evidente en tierras aragonesas y valencianas, no alcanzará a Cataluña, que cede su primacía al reino levantino en la última centuria de la Edad Media. El campo catalán, duramente golpeado por las malas cosechas, el hambre y la peste, sufre el abandono de muchos cultivos, que el intento de los señores de resucitar los malos usos*, viejos derechos de los señores ya casi olvidados en la práctica, no hará sino acentuar. No se resiente aún, sin embargo, la expansión catalana por el Mediterráneo. Alimentada desde la centuria anterior por el auge de las hilaturas, el crecimiento de la burguesía mercantil y el desarrollo de una potente flota, continuó durante casi todo el siglo XIV gracias a innovadoras técnicas comerciales, como las letras de cambio, que permitían a un mercader sufragar sus mercancías con un efecto pagadero en una plaza y moneda distinta, los seguros o las nuevas formas de empresa, y a una verdadera revolución institucional encarnada en los llamados *consulados del mar**. Luego, la expansión del Imperio turco otomano y la desastrosa combinación de guerras y conflictos sociales condujeron al comercio catalán a un declive imparable. Y es entonces cuando Valencia, que ha ido desarrollando una rica agricultura de regadío y unas importantes manufacturas, toma el relevo de los catalanes, hereda algunas de sus rutas y se convierte en cabeza indiscutible del comercio de la Corona de Aragón en el siglo XV.

Mientras, la sociedad ha cambiado. Existe ya en todos los reinos cristianos peninsulares una poderosa aristocracia que asienta su primacía sobre la posesión de tierras, rentas y derechos jurisdiccionales, y la fortalece con el disfrute de altos cargos. Un poco más abajo, la pequeña nobleza —hidalgos, infanzones, caballeros, donceles— subsiste gracias a sus exiguas rentas o sus derechos señoriales sobre reducidos territorios. Junto a ella, en especial en Cataluña y Valencia, el patriciado urbano, que había obtenido su riqueza de la artesanía y el comercio y la ha asegurado después invirtiendo en tierras, se afirma como dueño indiscutible de los cargos municipales, por más que les pese a artesanos y menestrales. Pero la inmensa mayoría de las gentes viven aún en el campo y de él, sometidas a grados de dependencia muy diversos, pero siempre reales. Escaso ya el campesino libre, la mejor condición la disfrutan los hombres de behetría, con derecho a elegir señor, y el payés catalán, que puede comprar al suyo su libertad. Un escalón más abajo, el campesino solariego se encuentra atado, en lo económico y lo jurisdiccional, al propietario eminente de la tierra. Por último, en lo más ínfimo de la escala social, el siervo, sin ser del todo un esclavo, depende en todo de su señor.

Las relaciones entre estos grupos, golpeados por la crisis, alcanzarán grados de violencia desconocidos en las centurias anteriores. Los señores, deseosos de preservar sus rentas, tratan de resucitar prácticas olvidadas, atando al campesino a la tierra y aumentando sus obligaciones. Los labradores, que sufren como nadie los males del siglo, responden con violentas revueltas. En 1462, los *payeses de remensa** se alzan en Cataluña; cinco años después, los *irmandiños** tiñen de sangre los campos gallegos. En la ciudad, artesanos y tenderos intentan por la fuerza desplazar de sus cargos al patriciado urbano. En Barcelona, el enfrentamiento entre la alta burguesía de la *Biga* y los menestrales de la *Busca* alcanza tintes dramáticos también en los años sesenta. La desesperación de los humildes halla en los judíos una válvula de escape tolerada por los monarcas temerosos de la irritación popular.

Los poderosos tampoco permanecieron extraños al conflicto. Tanto en Castilla como en Aragón, las luchas políticas alcanzan una virulencia inusitada. La ofensiva nobiliaria contra el poder real, entremezclada de revueltas campesinas contra los abusos señoriales, persecuciones de judíos y conversos, luchas intestinas en las mismas familias reales, y guerras civiles e internacionales, se hace presente en ambos reinos, que no dejan de enfrentarse entre sí en repetidas ocasiones. Ello no impide, no obstante, que los procesos históricos iniciados antes de la crisis continúen desarrollándose. Castilla y Aragón se encuentran cada vez más cerca, hasta el punto de ser la misma dinastía, la de los Trastámara, la que ocupa los dos tronos desde que en virtud del Compromiso de Caspe, Fernando de Antequera, segundo hijo de Juan I de Castilla y de Leonor, hija a su vez del rey aragonés Pedro IV, se convierte, en 1412, en rey de Aragón. Por otro lado, la expansión comercial catalana por el Mediterráneo no deja de tener su correlato político, con la sucesiva conquista de Cerdeña, Sicilia, los ducados de Atenas y Neopatria e incluso el reino de Nápoles, que harán de Aragón una gran potencia mediterránea en directa competencia con genoveses y venecianos. Y, sobre todo, la resistencia nobiliaria frente a unos monarcas deseosos de consolidar un poder que habían comenzado a recuperar solo recientemente, que alcanza un éxito considerable en la Corona de Aragón, no puede impedir en Castilla que los reyes, superado el órdago de los magnates, sientan las bases del Estado moderno que se consolidará bajo los Reyes Católicos.

Así, el Derecho romano, asentado ya en las Partidas de Alfonso X, fortalecido en 1348 por Alfonso XI en el Ordenamiento de Alcalá, sirve de base a la consolidación del poder del rey. El monarca se arroga la exclusiva facultad de legislar frente a unas Cortes que, aún poderosas en el siglo XIV, quedan en el XV como instancia a la que recurre tan solo para solicitar subsidios. Las instituciones crecen en torno al rey como una extensión de su autoridad. El Consejo Real, nacido a fines del siglo XIV, le proporciona asesoramiento legal. La Audiencia, instancia suprema de justicia, le sigue en sus viajes. El Ejército, cada vez más permanente, respalda sus argumentos. La Hacienda, alimentada por impuestos más productivos sobre los rebaños, el comercio y los monopolios, y apuntalada por la participación real en el diezmo eclesiástico y, en caso de urgente necesidad, por los servicios de las Cortes, le permite financiar una burocracia creciente que alcanza los diversos territorios de la Corona. Adelantados y merinos gobiernan en su nombre Castilla, León, Galicia, Andalucía y Murcia. Los corregidores hacen oír su voz en ciudades y villas, y, a despecho de las oligarquías municipales, sirven de agentes cada vez más eficaces de su voluntad centralizadora.

Bien distinto será el destino de los soberanos aragoneses. Frente al autoritarismo regio, se consolida aquí una teoría del pacto en virtud de la cual los reinos que integran la Corona, una heterogénea unión vinculada tan solo por la persona del monarca, son gobernados mediante el acuerdo entre el rey y la sociedad, representada en cada reino por sus Cortes. En la práctica, y dado que en estas solo se sentaban magnates laicos y eclesiásticos y patriciado urbano, el sistema es una oligarquía, y la supuesta garantía de los intereses colectivos frente a la tiranía real, simple defensa de los privilegios de los poderosos contra unos reyes que con frecuencia trataron de apoyarse en las clases populares para minarlos. Cataluña fue el mejor ejemplo de lo dicho, hasta el punto de que las Cortes del principado crearon una institución permanente, la Diputación del General, luego llamada sin más *Generalitat**, para fiscalizar la labor del monarca, institución pronto imitada por sus homónimas aragonesas y valencianas. Así, aunque también en Aragón se produjo una densificación evidente del aparato estatal, la centralización no progresó y la figura del rey quedó siempre sometida, en lo político y en lo fiscal, a la oligarquía representada por las Cortes. El protagonismo en la evolución hacia el Estado moderno correspondió, por ello, a Castilla, y este hecho, junto con la evidente decadencia económica catalana, haría que fuera ella la que se convirtiera en núcleo de la Monarquía española unificada a partir de los Reyes Católicos.

El mundo del espíritu no sale indemne de la conmoción general. La Iglesia hispana padecerá, tanto en su cabeza como en sus miembros, los mismos males que sufre en todo Occidente. La inoperancia se ceba en los párrocos rurales, tan ignorantes en doctrina como inanes en moralidad, pero no deja de lado a obispos y abades, más preocupados por acrecentar su prestigio que por pastorear las almas a su cargo. Por ello, la religiosidad popular, agitada por los males de la época, deriva a menudo hacia la superstición, la brujería, o, en el mejor de los casos, hacia la mística y el patetismo. La evidente necesidad de reforma se canaliza mediante la fundación o la renovación de órdenes religiosas, buscando de nuevo el ascetismo y la pureza de las reglas primitivas. En este caldo de cultivo la herejía siembra con éxito sus semillas, que germinan en algunos lugares de la península, como Sevilla, en el último cuarto del siglo XIV, o el País Vasco, comenzado ya el XV.

La cultura, por lo demás, no interrumpe su progreso. Nuevas universidades se unen a las fundadas en el esplendor de la Edad Media. Lérida, Barcelona, Huesca o Sevilla confirman el cariz cada vez más urbano del espíritu medieval español, mientras la Iglesia, sin renunciar a su hegemonía sobre las conciencias, no puede sino permitir el paso a nuevas corrientes culturales que ya no hacen de la religión el centro absoluto del pensamiento. Los vientos procedentes de Italia traen a nuestra tierra el humanismo, que impregna con su hálito hedonista a los miembros más inquietos de unas élites sociales que son, en exclusiva, los depositarios de la cultura que va creciendo fuera de los claustros. El infante don Juan Manuel, el marqués de Santillana o Jorge Manrique llevan al castellano a cotas de calidad literaria que alcanzan su parangón en catalán con Eximenis, Ausias March o Joanot Martorell, autor, en 1490, del célebre *Tirant lo Blanc*.

Tampoco el arte saluda la crisis bajo medieval con una parálisis absoluta. El comercio catalán, que solo se colapsa a fines del siglo XIV, alimenta un gran esplendor artístico durante toda la centuria, que se manifiesta en la proliferación de catedrales y edificios civiles, como la Lonja de Barcelona, mientras Castilla, postrada, apenas edifica en este período. Pasado el 1400, las tornas se invierten. Castilla, que crea ahora, con el llamado gótico-mudéjar, un verdadero estilo propio, fusión del gótico final y la influencia mudéjar, exhibe orgullosa su potencial en catedrales como Burgos, Sevilla o Toledo.

El legado de la Edad Media

La Edad Media resulta imprescindible para comprender la historia posterior y el presente mismo de nuestro país. El Medievo nos deja en herencia, en primer lugar, la idea misma de España. Si no el pueblo, que tenía otras cosas en que ocuparse, la clase dirigente, política y cultural, de los distintos reinos y, desde luego, los mismos reyes, tuvieron siempre presente su pertenencia a una entidad histórica común cuya restauración llegó a convertirse en hilo conductor de sus acciones a lo largo de los siglos. En lo diplomático, esta continuidad se manifestará en una política matrimonial que, con altibajos, tratará de alcanzar la unidad entre los reinos cristianos, y en la vocación de los monarcas de mayor éxito de ser reconocidos como soberanos, siquiera nominales, de una España reunida. En lo militar, su encarnación será la reconquista, vinculada a la idea de la *pérdida de España* a manos de los musulmanes y al uso consciente de los mitos, el del apóstol Santiago como esforzado paladín de la reconquista hispana sobre todos, como instrumento emocional para favorecer la movilización de las masas populares que han de suministrar los brazos necesarios para la guerra contra el ocupante, a un tiempo extranjero e infiel. En ese molde, militarista y cristiano, se va forjando la personalidad de la España posterior.

La reconquista, pues, preservó el espíritu de unidad en aquella España fragmentada. No obstante, la forma en que se desarrolló favoreció, al mismo tiempo, el arraigo de hondos sentimientos de pertenencia nacional que han llegado hasta nuestros días. Los tratados de reparto, que frenaron el camino de Aragón hacia Andalucía, unidos al fracaso catalán en el sur de Francia, llevaron a los catalanes a mirar hacia el Mediterráneo, reforzando la tendencia impuesta por las difíciles comunicaciones con la Meseta. La atracción entre aragoneses y castellanos, fruto del pasado común, competirá así con la pulsión centrífuga en un constante tira y afloja que dificultará la integración futura de España. Asimismo, la persistencia durante ocho siglos de múltiples reinos independientes, aunque herederos de idéntica tradición y partícipes de igual meta, sembrará en el alma colectiva recelo y competencia entre regiones. Las élites tratarán de superarlos apelando a la religión, al espíritu de cruzada, como elemento aglutinador. Gracias a ello, España completó su integración antes que otras naciones de Occidente, pero lo hizo también peor. Porque, al apostar por la fe como seña de identidad colectiva, quedaban excluidos de la nación en ciernes quienes no se identificaban con ella, judíos y musulmanes. Y estos, erigidos en verdaderos enemigos interiores, al ser perseguidos, debilitarán la idea misma de la nación en lugar de fortalecerla, cual es el papel del enemigo exterior en el proceso histórico de construcción de las naciones occidentales. Por último, la reconquista facilitó a los reyes la recuperación de la autoridad perdida, pero lo hizo también de manera desigual; mucho más aprisa en Castilla, cuyos reyes pudieron apoyarse en el campesino libre, imprescindible para poblar las desiertas comarcas del norte del Duero enseguida ganadas al moro; más despacio en Aragón, que encontró siempre habitadas las tierras reconquistadas a los musulmanes. La articulación institucional posterior, en una España unida, de esas tradiciones divergentes se revelará difícil, pues los monarcas tratarán de apostar por una de ellas, la castellana, que les garantizaba más poder, en detrimento de la otra, la aragonesa, que se lo limitaba, alimentando así fuertes tensiones en el seno del naciente Estado moderno.

Otras dimensiones de la vida colectiva de los españoles llevarán en sí la impronta del Medievo. En Castilla, el fuerte arraigo de la tradición concejil alimentaría durante siglos un particularismo local que hace a muchos sentir como patriotismo la pugna competitiva con el vecino cercano antes que el enfrentamiento colectivo contra el enemigo distante y ajeno. Idénticas raíces tiene el colectivismo agrario, que no es aquí fruto de ideas anarquistas modernas e importadas, sino de una práctica multisecular que llegó a formar parte del espíritu campesino como si de una segunda naturaleza se tratara. Esa misma tradición, sin embargo, servirá a un tiempo como sólido cimiento a la institución llamada más tarde a encarnar la democracia estatal, forzados clérigos y nobles a admitir junto a la suya la voz de los villanos erigidos en procuradores en Cortes. El parlamentarismo, bastardeado después en Castilla por el absolutismo regio, y en Aragón por su instrumentalización a manos de los oligarcas, es también, al menos en sus raíces, regadas y transformadas luego por las salutíferas aguas del liberalismo y la democracia modernas, una herencia medieval que recibirá la España de siglos posteriores.

Por último, algunos de los problemas más graves que habrá de padecer la España contemporánea hunden también sus raíces en la lejana Edad Media. El protagonismo de la aristocracia y las órdenes militares en la reconquista de las tierras extremeñas, manchegas y andaluzas, así como su extrema rapidez, sumados a la pujanza de la ganadería castellana desde el siglo XIII, darán forma a un paisaje latifundista, continuador del romano, que perpetuará profundas desigualdades desconocidas en las tierras del norte. Su lastre, económico y social a un tiempo, pesará como una losa sobre las posibilidades de progreso de esas regiones y dificultará en no menor medida durante siglos el arraigo en tierras hispanas de una verdadera democracia.

La Edad Media, en fin —por más que les pese a los defensores a ultranza de una visión de la historia centrada en exclusiva en lo contemporáneo— modelará en gran medida, para bien y para mal, la España de los siglos posteriores. Sin ella no es posible, en consecuencia, entender del todo la historia de ese país.

5

La hegemonía hispánica

> Esta es, pues, la historia de una nación que se vio atribuir inesperadamente un papel mundial para el cual nunca estuvo bastante preparada y que hizo heroicos esfuerzos por desempeñar, con consecuencias que modificaron la faz de la civilización mundial, pero que crearon fisuras internas muy profundas que persistieron a lo largo de todo el período y que hasta cierto punto continúan hasta hoy.
>
> *Henry Kamen:*
> *Una sociedad conflictiva: España, 1469-1714*, 1983.

UNIDAD

En una fría mañana de otoño de 1469, la villa castellana de Valladolid fue testigo de un matrimonio que cambiaría para siempre la historia peninsular. Isabel, heredera de Castilla, unía su destino a Fernando, que lo era de Aragón. Sus descendientes estarían, pues, llamados a reinar sobre una España de nuevo reunida tras ocho siglos de lucha.

Escudo de los Reyes Católicos. El blasón, que integra las armas de todos los reinos que constituían la herencia de los monarcas, muestra con claridad cuál era a priori la naturaleza de la unión que representaban Isabel de Castilla y Fernando de Aragón: una unión meramente dinástica entre territorios que conservaban sus leyes y sus fronteras. No obstante, los reyes desearon ir mucho más allá en esa unión y orientaron a ese fin buena parte de su obra política.

Así sucedió, pero no sin dificultades. Temerosa de un nuevo fortalecimiento del poder real, debilitado bajo los últimos Trastámaras, una parte de la nobleza castellana rechazaba a Isabel. Respecto a Fernando, quizá no llegara a disfrutar un trono que su padre Juan II conservaba a duras penas frente al asalto del patriciado urbano, la pequeña nobleza y gran parte de los menestrales, sostenidos por el rey de Francia.

De hecho, en 1474, al morir el monarca castellano Enrique IV, la coronación de Isabel dio inicio de inmediato a una guerra civil que pronto se convirtió en internacional. La facción más indómita de los magnates proclamó reina a Juana la Beltraneja, a la que consideraban hija y heredera legítima del rey fallecido. Mientras, el flamante esposo de Juana, el portugués Alfonso V, movilizaba sus tropas, y los ejércitos franceses, esperando pescar en río revuelto, penetraban en Castilla.

Contra pronóstico, la habilidad de Fernando, notable general a la par que sutil diplomático, condujo al éxito al joven matrimonio. Muchos aristócratas empezaron a cambiar de bando. En 1478, Francia se retiraba de la lucha. Poco después lo hacía también Portugal, derrotado por los castellanos tres años antes en la batalla de Toro. El Tratado de Alcaçovas, en 1479, despejaba por mucho tiempo las rencillas entre ambos reinos. A cambio de ceder a Castilla el control de las Canarias, los portugueses lograban vía libre para proseguir su expansión por las costas africanas en pos de una nueva ruta hacia las Indias. En ese mismo año, Fernando sucedía a su padre. La unión de Castilla, donde Isabel había quedado ya firmemente asentada en el trono, y Aragón quedaba consumada.

Se trataba de una unión desigual. Castilla, mucho más extensa, contaba con una población casi cinco veces superior a la de Aragón. Su dinámica economía, recuperada ya de la crisis, contrastaba con la aragonesa, incapaz, con la excepción de Valencia, de levantar de nuevo el vuelo. Medina del Campo, Burgos y los puertos cántabros crecían alimentados por el intenso flujo de lana hacia el norte; el Mediterráneo se acostumbraba a los mercantes castellanos, e incluso las humildes villas del interior mostraban una pujanza desconocida. Pero la mayor diferencia era de orden político. Las Cortes de Castilla condicionaban mediante la concesión de *servicios* monetarios la gestión del monarca, pero, reconociendo el derecho real a legislar, no la paralizaban como sus homólogas de la Corona de Aragón. En la carrera hacia el Estado moderno, los castellanos contaban con el mejor equipo para llegar primero a la meta.

Pero la unión, además de desigual, era también endeble. La Concordia de Segovia de 1475, al definir la relación entre ambos monarcas, había determinado también la que vinculaba a sus Coronas. Cada uno de ellos sería soberano en los Estados del otro; la justicia la impartirían juntos; sus efigies aparecerían yuxtapuestas en las monedas, y las armas de ambos reinos figurarían también unidas en sellos y banderas. Por lo demás, cada territorio conservaba su lengua, sus costumbres, su moneda, sus instituciones y sus leyes. Incluso las aduanas entre ellos permanecieron vigentes. La unión no era, pues, política, sino dinástica, y estaba llamada a durar cuanto decidieran los avatares de la herencia, que, como tantas veces había sucedido antes en la Edad Media, podía volver a separar aquello que había unido.

Los reyes sabían que eso *podía* suceder, pero, a diferencia de sus predecesores del Medievo, *no querían* que sucediera. Antes bien, conscientes de los fuertes vínculos históricos que unían a sus Estados, tenían la voluntad de realizar una unión profunda y duradera entre ellos, y a este fin orientaron una buena parte de su obra.

Urgía, antes de nada, fortalecer la Monarquía, dotándola de instrumentos que aumentaran su eficacia. Tocaría después hallar una empresa común que estrechara la solidaridad entre los españoles, reforzando con lazos espirituales los vínculos históricos y dinásticos. Por último, la obra con tanto afán emprendida había de quedar asegurada frente a los enemigos exteriores capaces de ponerla en peligro.

El primer objetivo pasaba, como condición necesaria, por la pacificación del país. Para ello, los soberanos impusieron a las poblaciones de algún tamaño la organización de fuerzas de orden público, las *Hermandades,* llamadas a servir de núcleo a un Ejército permanente. La Corona daba así el primer paso para independizar sus actividades bélicas del apoyo de la nobleza, que venía acudiendo con sus mesnadas en época de guerra a reforzar las hasta entonces exiguas tropas del monarca.

Sin embargo, los reyes no pretendían enfrentarse a la aristocracia, a la que necesitaban para vertebrar el edificio del nuevo Estado; buscaban tan solo devolverla al lugar que le correspondía, subordinado a la Corona y sin participación efectiva en el poder político. Para lograrlo, se valieron más de la diplomacia que de la violencia, aunque no temieron usar esta última cuando no quedaba otra salida. De hecho, su arma principal fue el desvío de la belicosidad de los magnates hacia empresas beneficiosas para el país y su sustitución en los altos cargos por letrados extraídos de las filas de la baja nobleza. A cambio, la aristocracia recibió de los reyes la garantía de su posición social. La sentencia de Celada confirmaba en 1497 a los nobles de Aragón su señorío absoluto sobre sus vasallos. En las Cortes de Toro, celebradas en 1505, quedó escrito que las vastas propiedades de la nobleza castellana permanecerían vinculadas al título sin posibilidad de enajenación. Pero no se tolerarían abusos. La Sentencia Arbitral de Guadalupe, al abolir definitivamente en 1486 los malos usos que imponían los nobles catalanes a los payeses de remensa, marca los límites de la tolerancia regia hacia los poderosos.

Pero el Estado en ciernes requería no solo de una aristocracia leal y libre de veleidades políticas. Precisaba también de un aparato administrativo que impusiera la autoridad real en cada rincón del reino. Y ello implicaba la capacidad de obtener y gestionar recursos de forma continua, y sólidas instituciones que velasen por el cumplimiento efectivo de las decisiones de la Corona.

La primera necesidad era, pues, el dinero. Pero la Hacienda que habían heredado los reyes contaba con exiguos recursos. En la Corona de Aragón, el soberano apenas disponía de más entradas que los servicios votados por las Cortes. En la Corona de Castilla, sus ingresos provenían de la alcabala —un impuesto sobre el comercio— los aranceles aduaneros, la participación en los diezmos* eclesiásticos y los irregulares subsidios votados por las Cortes. Era, pues, necesario aumentar el producto de los impuestos tradicionales y crear otros nuevos, sobre todo allí donde esto era posible, en la sufrida Corona de Castilla. Con tal fin, los monarcas aumentaron los privilegios de la Mesta, que garantizaba ingresos fáciles y rápidos; recuperaron tierras enajenadas por la Corona; se apropiaron de las rentas que producían las vastas propiedades de las órdenes militares, colocadas bajo el maestrazgo único de Fernando, y, en fin, exprimieron cuantas fuentes de ingresos podían hallarse sin alterar privilegios sociales ni fueros territoriales. Las Hermandades hubieron de entregar cantidades cada vez mayores para sostener al Ejército real; el papa Sixto IV, dispuesto a apoyar la conquista de Granada, concedió a los Reyes en 1479 la Bula de Cruzada, privilegio que les permitía vender indulgencias, esto es, certificados por el que los pecados le quedaban perdonados al comprador; judíos y mudéjares soportaron impuestos extraordinarios, y se vendió como esclavos a los prisioneros de guerra. Incluso se empeñaron los ingresos de años posteriores. Los *juros,* títulos de deuda pública que devengaban intereses periódicos, hacen ahora su triste aparición.

 Los acrecidos ingresos permitieron un mayor desarrollo de la Administración. Las instituciones de la España de los Austrias empezaron a forjarse por entonces. Algunas, como los virreyes y secretarios, que gobernaban en nombre del soberano, surgieron en la Corona de Aragón, cuyo monarca pasaba fuera de sus reinos buena parte de su tiempo. Otras vieron la luz en Castilla. Las más importantes nacieron en el seno del denominado Consejo Real, institución tradicional que, de la mano de los Reyes Católicos, empezó a transformarse con rapidez. Cambió su composición, al desaparecer de él los magnates y exigirse a sus miembros diez años de estudios en leyes. Cambiaron sus funciones, que dejaron de ser consultivas para extenderse a la toma de decisiones. Cambió su estructura, que se dividió en cinco cámaras especializadas en materias concretas —política exterior, justicia, hacienda, orden público y asuntos aragoneses— que terminarían por convertirse ellas mismas en consejos. Y cambió, en fin, su nombre, que pasó a ser, sin más, el de Consejo de Castilla. La justicia recibió también un notable impulso. Sus tribunales —audiencias o chancillerías— se multiplicaron; su jerarquía se aclaró, al convertirse el Consejo de Castilla en Tribunal Supremo, y los pleitos menores quedaron bajo la competencia de agentes que alcanzaban los lugares más remotos.

Pero no era suficiente. Desde el principio, los reyes pensaban que el fortalecimiento de su autoridad y el desarrollo de la Administración debían culminar en la consecución de la unidad duradera entre sus reinos. Ya en el testamento otorgado por Fernando en la primavera de 1475, en plena guerra civil, deja constancia el joven monarca de la necesidad de asegurar que su descendencia gobierne sobre todos los reinos de España: —*que sea un Príncipe rey y señor y gobernador de todos ellos*— escribe sin ambages. Y mucho después, hallándose Isabel a las puertas de la muerte, recomienda a su esposo que no escatime esfuerzos para preservar la unidad con tanto esfuerzo lograda.

¿Cómo alcanzar ese objetivo? El camino más sencillo y rápido era la guerra, capaz, en todos los tiempos, de sellar las fisuras internas de una sociedad y canalizar hacia afuera sus descontentos. Por suerte, el enemigo ideal se hallaba al alcance de la mano. Granada reunía en un solo territorio ventajas evidentes: la fe coránica de sus habitantes y su debilidad, fruto de las profundas divisiones existentes entre sus líderes. Faltaba tan solo el pretexto, y este lo proporcionaron los propios granadinos al apropiarse de Zahara (la actual Zahara de la Sierra, en la provincia de Cádiz), a finales de 1481.

Diez años de guerra, que terminarían con la toma de la Alhambra el 2 de enero de 1492, dieron a los cristianos españoles la oportunidad de combatir hombro con hombro. Lo hicieron los grandes señores como los Guzmán o los Ponce de León, que olvidaron sus diferencias para luchar por sus soberanos y empezaron a verse como una sola nobleza. Y lo hizo también el pueblo, las tropas venidas de todos los confines de la península, sometidas a la disciplina única de la Corona, sufriendo los mismos fracasos y disfrutando los mismos triunfos, afrontando una tarea común que, en virtud de los viejos tratados medievales, correspondía a Castilla, pero que fue vivida como propia en todos los reinos hispánicos. La guerra de Granada, el primer conflicto bélico realmente *español,* empezó así a forjar la unidad espiritual de los pueblos hispanos.

No bastaba. Si habían de permanecer unidos, los reinos de España necesitaban una seña de identidad común más emocional y duradera. La lealtad al rey podía mantener juntas sus posesiones. Pero el pueblo no vivía esos vínculos en términos de pertenencia nacional, sino de fidelidad personal al monarca. La historia compartida, conocida tan solo en los reducidos círculos intelectuales, carecía también de poder movilizador fuera de ellos. El castellano iba imponiendo ya junto al latín su hegemonía cultural y funcionaba ya de modo natural como lengua franca entre los diversos reinos, pero se trataba de una apuesta a largo plazo. No, para aquellas gentes solo había algo capaz de superar en poder de cohesión a la pulsión tribal instintiva: la fe.

La religión acompañaba a los individuos de la cuna a la tumba, y ofrecía el único consuelo disponible ante el sufrimiento y la angustia propios de la existencia humana. Pero para hacer de la religión fermento de cohesión capaz de dar algún día el fruto de la conciencia nacional, por encima de las diferencias entre los reinos, era necesario buscar enemigos de otra religión, pues solo frente a ellos serviría de aglutinante. Esos enemigos eran los hebreos y los musulmanes.

La expulsión de los judíos, dictada por los Reyes Católicos en marzo de 1492, podía buscar la protección de los conversos frente al nocivo ejemplo de los leales a la ley mosaica, pero sin duda poseía una intención más profunda: dotar de mayor homogeneidad a la sociedad hispana, estrechar los lazos entre los naturales de sus distintos reinos. Era el primer paso; pronto llegaría el segundo. La tolerancia mostrada hacia los musulmanes granadinos en el momento de la conquista dejó paso enseguida a una política de conversiones forzosas. Miles de libros árabes siguieron el camino de la hoguera; las mezquitas se convirtieron en iglesias, y a la forzada elección entre el bautismo o el exilio tardó poco en seguir la persecución del idioma, la vestimenta y las costumbres de los moriscos. La Inquisición, creada en 1478, facilitaba las cosas, pues, aun siendo una corte eclesiástica, dependía de la Corona, lo que permitía a los reyes dirigirla hacia sus propios fines, tanto más cuanto se trataba de un órgano único con jurisdicción tanto sobre Castilla como sobre Aragón. Y estos fines, aun siendo religiosos, no podían dejar de ser también políticos. La unidad religiosa católica se perseguía porque, desde el punto de vista real, el catolicismo era la única religión verdadera y no debía tolerarse el error, pero también por el hecho de que se trataba de la unidad, y esta constituía un fin en sí misma.

Pero el precio iba a ser muy alto. Pronto la intolerancia no se cebaría tan solo en los conversos, sino en todo aquel sospechoso de ser distinto, lanzando al conjunto de los españoles, en especial los más humildes, a una disparatada caza de brujas en la que la acusación de herejía servía como instrumento de venganza personal, y sembrando por doquier una enfermiza obsesión por la limpieza de sangre que la omnipresencia de la Inquisición no hacía sino alimentar. Con ello se ponía en juego un vigoroso fermento capaz de generar indisolubles lazos sociales, pero de su misma fuerza habría de nacer su debilidad. El enemigo frente al que el español comenzaba a construir su identidad no solo estaba fuera, como el turco musulmán o el hereje luterano, sino también dentro, como el falso converso o el cristiano nuevo. Y esto no hacía sino sembrar en el seno de la sociedad española la semilla de la discordia interna, capaz de cuartear el edificio nacional todavía no forjado del todo. Y lo que es más grave, cuando la marcha imparable de la historia relegue a la religión a un lugar secundario, cuando los lazos entre los hombres no puedan establecerse ya sobre la fe, cuando el proyecto nacional alternativo, la nación de ciudadanos, fracase en su intento de aglutinar a los españoles, el cemento con el que la nación se había forjado se disolverá. El problema nacional español encuentra así una de sus más importantes raíces quinientos años atrás, no en la pluralidad constitutiva de un país que no es en ello distinto a las demás grandes naciones europeas, sino en el carácter de las fuerzas puestas en juego en el curso de su gestación como nación.

IMPERIO

Junto a la consolidación de la autoridad real y la unificación política de sus Estados, preocupó a los soberanos, como ya se ha dicho, el fortalecimiento exterior de la recuperada Monarquía hispánica. Esta dimensión de la obra común fue asumida en exclusiva por Fernando, que supo aunar las tradiciones castellanas de la reconquista —y los recursos superiores de Castilla en hombres y dinero— con las aspiraciones aragonesas en el Mediterráneo. De la fusión de ambas nació una política coherente que alcanzó notables éxitos incluso frente a la mayor potencia continental de entonces, la Francia de Luis XI y Carlos VIII. No es una exageración decir, como cuentan que hizo un día Felipe II contemplando el retrato de su bisabuelo, que al Rey Católico debió España sus ciento cincuenta años de hegemonía en Europa.

Estos éxitos se asentaron sobre sólidos cimientos: la diplomacia y el Ejército. La primera había sido una creación medieval, pronto imitada, de las ciudades italianas. Pero el perfil de aquellos embajadores era distinto al de hoy. Destacados en las principales cortes europeas, extraordinarios o permanentes, recopilaban, cifraban y transmitían información; negociaban y amenazaban; salvaban las crisis o declaraban las guerras. También obraban así los diplomáticos fernandinos, pero fue en el manejo del matrimonio regio como instrumento político en lo que alcanzaron la maestría. No bastaba con derrotar a Francia con las armas; convenía también aislarla, rodearla de Estados amigos de la Monarquía católica, y para asegurarse esa amistad nada mejor que sellarla con un enlace matrimonial. Así, las bodas reales rubricaron la alianza con Portugal, el sacro Imperio, en el corazón germano, y la misma Inglaterra. A diferencia de lo que sucedería en reinados posteriores, bajo los Reyes Católicos media Europa se tenía por amiga de España.

Y mientras los embajadores de Fernando negociaban en las cancillerías, sus soldados combatían en los campos. Un gran militar, curtido en la guerra de Granada, Gonzalo Fernández de Córdoba, el Gran Capitán, diseñó para él una nueva formación de combate, los *tercios,* que era, a la vez, una nueva forma de combatir. Dotadas de una movilidad y una potencia de fuego como hasta entonces no se conocía, las flamantes unidades se beneficiaban también de un sistema de reclutamiento mucho más moderno que el de sus competidores. Ya no se nutrían de las mesnadas nobiliarias, como los ejércitos medievales, ni de simples mercenarios, como los lansquenetes alemanes o los piqueros suizos, sino de soldados enviados por las ciudades o reclutados por oficiales que hacían de la milicia su vida y desarrollaban un profundo sentido de lealtad hacia su soberano. Mucho más fiables y entregados que los mercenarios, garantizaron a los españoles la victoria en los campos de batalla europeos hasta mediados del XVII, incluso cuando, como bien reflejan las peripecias del desventurado capitán Alatriste, antihéroe de las novelas de Arturo Pérez-Reverte, fueron forzados a combatir con malas armas y peores bagajes.

Sobre bases tan firmes pudo Fernando lanzarse a la tarea de robustecer la posición de la Monarquía católica en tres frentes: el Mediterráneo, teatro tradicional de la expansión aragonesa y pilar de su economía; el norte de África, sobre el que era necesario imponer al menos un control que salvaguardara las costas españolas de la amenaza berberisca, y el Atlántico, cada vez más interesante para una Europa asfixiada por el bloqueo otomano de la ruta hacia las tierras de las especias.

En el Mediterráneo, el primer objetivo había de ser Italia, donde las aspiraciones hegemónicas del rey francés Carlos VIII suponían una clara amenaza a los intereses económicos catalanes y valencianos. Quedaba pendiente, además, el problema del Rosellón y la Cerdaña, viejas posesiones catalanas arrebatadas por los franceses a Juan II que era necesario recuperar. Fernando jugó sus cartas con habilidad. En 1493, por el Tratado de Barcelona, Carlos VIII devolvía el Rosellón y la Cerdaña a los aragoneses, que debían a cambio dejarle manos libres en Nápoles. Pero se trataba de una añagaza. Cuando, al aproximarse las tropas galas, el papa Alejandro VI se encerró en el castillo de Sant'Angelo, Fernando intervino alegando que los franceses no tenían permiso para atacar Roma. Así daba comienzo un conflicto que terminó en 1504, derrotados los franceses en Ceriñola y Garellano y aislada Francia por los hábiles manejos diplomáticos del aragonés, con la incorporación de Nápoles a las posesiones de Fernando y la imposición en Italia de una sólida hegemonía española llamada a perdurar dos centurias.

Menos atención mereció el norte de África, a pesar de su cercanía y de la terrible amenaza que su posible control por los turcos otomanos podía suponer para las costas españolas. De hecho, no fue el rey, sino un noble, Juan Alonso Pérez de Guzmán, tercer duque de Medina-Sidonia, el que dio el primer paso, al ocupar a sus expensas la ciudad de Melilla en 1497. Tomó luego el relevo el cardenal Francisco Jiménez de Cisneros, deseoso de terminar allí el trabajo empezado en Granada. Pero lo que pudo haber sido un Imperio norteafricano se quedó en la posesión de algunas plazas fuertes diseminadas por la costa. Había de ser América, y no África, el objetivo prioritario de la Monarquía católica.

Mediado el siglo XV, los europeos estaban preparados para mirar hacia el Atlántico. El conocimiento de la esfericidad de la tierra, perdido en las tinieblas medievales, despuntaba de nuevo entre geógrafos y navegantes. El auge del Imperio otomano, que apartó a los europeos de la seda y las especias de Oriente, actuaba como incentivo para explorar nuevas rutas. El desarrollo de la tecnología naval, en forma de barcos más sólidos y de mayor calado, capaces de aventurarse en el océano, y de nuevos instrumentos que permitían la orientación de los marinos en alta mar, lo hacía posible. La acuciante necesidad de metales preciosos de la economía europea, que sale al fin de la crisis bajo medieval, lo hacía necesario. Y, por último, los cambios en la mentalidad dominante, ahora curiosa y aventurera, amante de la fama y la libertad, al combinarse con las motivaciones tradicionales de conquista y evangelización, animarán a muchos europeos a embarcarse hacia el oeste.

En todo ello, los reinos peninsulares llevaban ventaja. La llevaban los portugueses, que se adelantaron al resto en la exploración de las costas occidentales de África y terminaron por hallar así una nueva ruta hacia Oriente. Y la llevaban los españoles, cuyo comercio y navegación habían alcanzado logros notables en el otoño del Medievo. Pero el hecho de que fueran, a la postre, los castellanos quienes se apuntaran el éxito del descubrimiento de América se debió tan solo a la apuesta personal de los reyes.

Cristóbal Colón, en aquel momento poco más que un marino anónimo sin mérito alguno en su haber, aunque ya emparentado por matrimonio con la clase alta portuguesa, peregrinó por las cortes europeas antes de entrar en tratos con Isabel y Fernando, cosechando un fracaso tras otro en Portugal, Inglaterra y Francia. En la misma Castilla, donde había llegado en 1485, tardará casi cuatro años en ser escuchado por los monarcas,

Breve historia de España I: Las raíces

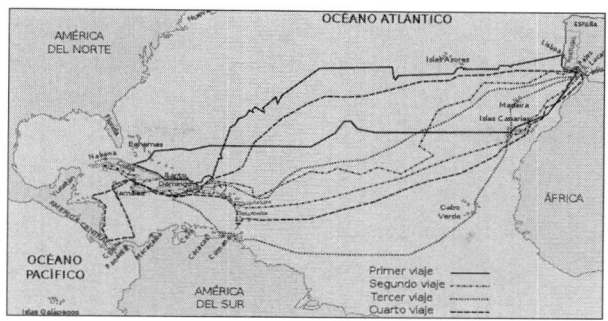

Los viajes de Colón a América. En el transcurso de sus cuatro viajes a las Indias, entre 1492 y 1504, el almirante exploró las Antillas y el Caribe, y tocó tierra firme en el centro y sur del continente. Sin embargo, la habilidad que demostró como marino no la poseyó como gobernante. Acusado de mal gobierno, retornó a España cargado de grilletes y, aunque recuperó la libertad, perdió los inmensos privilegios políticos y económicos que le prometieron los reyes en las Capitulaciones de Santa Fe.

nada sorprendente en un completo desconocido que se presentaba con un proyecto descabellado: buscar una ruta hacia Oriente navegando siempre hacia Occidente. A pesar de ello, las Capitulaciones de Santa Fe, firmadas en abril de 1492, concedían al genovés los títulos de almirante y virrey de los mares y tierras que por su mano ganara Castilla; le garantizaban la décima parte de cuantas mercaderías, oro, plata o especias se obtuviesen, y le aseguraban el derecho a participar con un octavo de las inversiones y los beneficios de posteriores expediciones. Promesas, en fin, muy generosas, y luego incumplidas, que solo se explican por el hecho de que era poco lo que se arriesgaba —mucho más se gastaba en una boda real— y menor aún la posibilidad de éxito.

Y, sin embargo, el 12 de octubre de 1492, cuando Colón alcanzaba las costas de una pequeña isla del archipiélago de las Bahamas, a la que nombró San Salvador, convencido de hallarse a un tiro de piedra de China, el extravagante marino había descubierto un nuevo mundo, el Nuevo Mundo.

Aunque eso no se supo hasta más tarde, las tierras descubiertas no parecían tener dueño civilizado, por lo que Castilla podía reclamar su derecho sobre ellas. Al papa, como vicario de Cristo y señor eminente de la Creación, correspondía, en la mentalidad de la época, confirmar ese derecho. Por ello, los embajadores de Fernando desplegaron una intensa actividad cerca del pontífice, el español Alejandro VI, que pronto rindió fruto. Entre abril y septiembre de 1493, cinco bulas sucesivas, entre ellas la famosa *Inter Caetera,* otorgaban a Castilla las tierras descubiertas y por descubrir, a la vez que trazaban una línea de demarcación entre los futuros territorios castellanos y portugueses cien leguas —unos quinientos cincuenta kilómetros— al oeste de las Azores. Los portugueses, amenazados sus proyectos de expansión por el Atlántico, rechazaron el dictado papal y entraron en negociaciones directas con los Reyes Católicos. En 1494, el Tratado de Tordesillas desplazaba la línea de demarcación hasta trescientas setenta leguas al oeste de Cabo Verde. Gracias a este pacto, que, como se vería después, situaba las costas brasileñas más orientales dentro del área de influencia lusa, Portugal pudo poner los pies en tierras americanas y construir sobre ellas un próspero Imperio colonial.

Pero con aquel acuerdo quedaba sellado el destino de España. Un país pequeño y poco poblado, dueño de una tecnología no especialmente adelantada para su época, se disponía a arrostrar la ingente tarea de conquistar y colonizar un continente. Los problemas surgieron enseguida. La distancia, los peligros del viaje y la escasez de metales preciosos ofrecían escasos atractivos a los potenciales colonos, muchos de los cuales, frustrados en sus expectativas de una riqueza fácil y rápida, regresaban pronto a España. La Corona no estaba, además, en condiciones de emprender por sus propios medios la ocupación efectiva de territorios tan inmensos. Por ello se limitó a repetir el modelo aplicado antes en las islas Canarias, basado en un *asiento* entre el monarca y un ciudadano privado que asumía los costes y riesgos de la empresa, reservando al Estado la soberanía sobre las nuevas tierras, el quinto de su botín y sus futuros tributos ordinarios. Con el tiempo, cada nuevo enclave español en el continente paría enseguida otros mediante expediciones organizadas de igual modo. La superioridad tecnológica, el temor de los indígenas ante los pálidos extranjeros que montaban animales misteriosos, y la habilidad de estos para utilizar en favor propio las querellas intestinas de los indios se conjugaron para lograr el éxito.

Partiendo de las islas, los españoles penetran en el continente. Anhelan el mítico oro que atesoran sin duda sus entrañas; buscan con afán el paso marítimo hacia el océano que ha de conducir a Catay y Cipango, las islas de las especias. Bien entrado ya el siglo XVI, Hernán Cortés conquista el Imperio azteca. Fernando de Magallanes, doblando el cabo de Hornos, halla el paso hacia el Pacífico, y Juan Sebastián Elcano culmina la primera vuelta al mundo. Ponce de León, Hernando de Soto y Cabeza de Vaca recorren Norteamérica. Francisco Pizarro derrota a los incas y se apodera del Perú. Se exploran y colonizan las tierras de lo que siglos después serán las repúblicas de Venezuela, Colombia, Argentina y Chile. En el Pacífico se descubren y nombran, unas tras otras, las Marquesas, las Salomón, las Carolinas, las Marianas...

Durante las primeras décadas del siglo XVI, las llamadas Indias sufren una inmensa transformación. Se abren caminos, acequias y canales. Se talan bosques y se roturan tierras. Se construyen ciudades y puertos. Se erigen iglesias, palacios, bibliotecas, universidades. Empiezan a explotarse sus riquezas. Cada español recibe, en proporción a su clase, indios que trabajen para él. A cambio, deberá garantizarles alojamiento, alimentación, vestido y salario dignos, y hacerse cargo de su instrucción religiosa. Las comunidades indias deberán también, en condiciones muy definidas, proporcionar trabajadores para explotar las minas. Pero los reglamentos, muy protectores con los indios, casi nunca se cumplían. Las brutales condiciones de trabajo, sumadas a enfermedades para las que carecían de defensas naturales, pronto diezmaron sus efectivos. La Corona, que tenía conciencia de ello, trató de poner coto a los abusos, como revelan las sucesivas Leyes de Indias, pero sus intentos se movían en una evidente contradicción. Por un lado, quería proteger a los indígenas; por otro, ansiaba las

América del sur en el siglo XVI. A pesar de las inmensas distancias y lo limitado de su tecnología, los españoles lograron explorar y colonizar, cambiándolo para siempre, todo un continente. Una nueva figura histórica, el conquistador, híbrido entre líder y aventurero, surgió de la nada para protagonizar aquella gesta.

riquezas que las Indias atesoraban, y ello solo era posible si se usaba a los indios como mano de obra. Además, los reyes sabían que si tensaban en exceso la cuerda, peligraba su control político de unas tierras tan lejanas. Y ese control les interesaba más que ninguna otra cosa. Desde el principio, el protagonismo de los particulares en la exploración y la conquista fue compatible con la preservación de la autoridad real, que quedó garantizada por medio de un entramado político y administrativo organizado con gran rapidez. El comercio no se convirtió, como en Portugal, en monopolio real, pero su ejercicio quedó reservado a los castellanos bajo supervisión de un poderoso organismo oficial, la Casa de Contratación de Sevilla, fundada en 1503. La administración reprodujo también las instituciones y los principios vigentes en Castilla, donde la autoridad del rey era mayor. Los cabildos, las audiencias, las capitanías y los virreinatos, trasplantados a las Indias, hicieron pronto de ellas una pieza más de la unión de reinos que constituía la Monarquía católica. Para sus soberanos, nunca fueron un Imperio subordinado a su caprichosa voluntad, sino uno más de sus Estados. América no *pertenecía* a España; *era* España.

UNA DINASTÍA EXTRANJERA

Los Reyes Católicos, que tanto hicieron por la reunificación y el engrandecimiento de España, no pudieron, sin embargo, transmitir su obra para que la continuara un sucesor educado por ellos. Juan, su único hijo varón, había muerto en 1497, dijeron las malas lenguas que a causa de los excesos amatorios a los que le sometía su esposa; su nieto Miguel, que llegó a ser jurado heredero, falleció tres años después. Cuando, en 1504, moría la reina, fue Juana, la tercera de sus hijas, la llamada a sentarse en el trono de Castilla. Sin embargo, su evidente estado de enajenación mental motivó la decisión de que gobernaran con ella su esposo Felipe de Habsburgo (más conocido como el Hermoso) y su padre Fernando, pronto apartado del poder por las intrigas de su yerno y el rechazo de la nobleza y las Cortes. Incapacitada Juana, Felipe se convierte en rey mientras su suegro vuelve a Aragón. Entonces el peligro amenaza la unidad de las Coronas, pues Fernando, despechado, casa de nuevo con Germana de Foix, que puede darle otro heredero para el trono aragonés. Sin embargo, ni Germana tiene hijos vivos ni Castilla le cierra por mucho tiempo sus puertas. Muerto Felipe de improviso, los castellanos proclaman a Fernando regente en espera de la mayoría de edad del futuro monarca, Carlos de Gante, el primogénito de Juana.

Solo en 1516, fallecido Fernando tras acrecer el acervo territorial de Castilla con la incorporación de Navarra, y tras una breve regencia del cardenal Cisneros, llega la hora del heredero. Pero Carlos no ha estado nunca en España; es un extranjero nacido en Flandes y educado como un príncipe borgoñón. No habla castellano, y su mentalidad, y la de los consejeros que le acompañan, es por completo ajena a la de sus súbditos. Además, el destino lo ha llamado a gobernar los Estados más vastos de la Europa cristiana, y pronto se ve obnu-

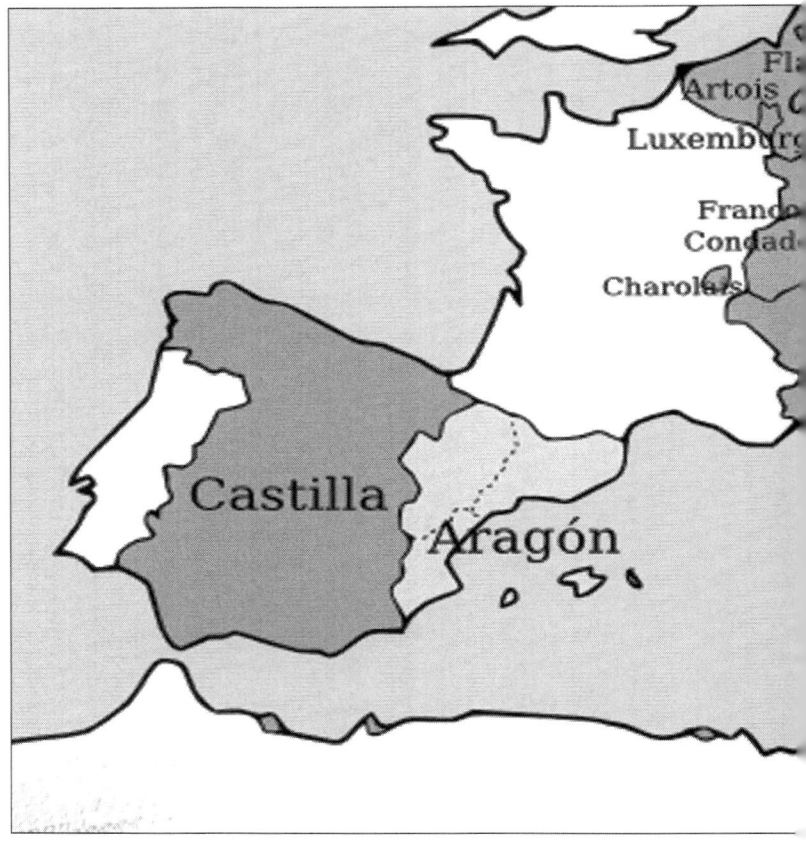

Breve historia de España I: Las raíces

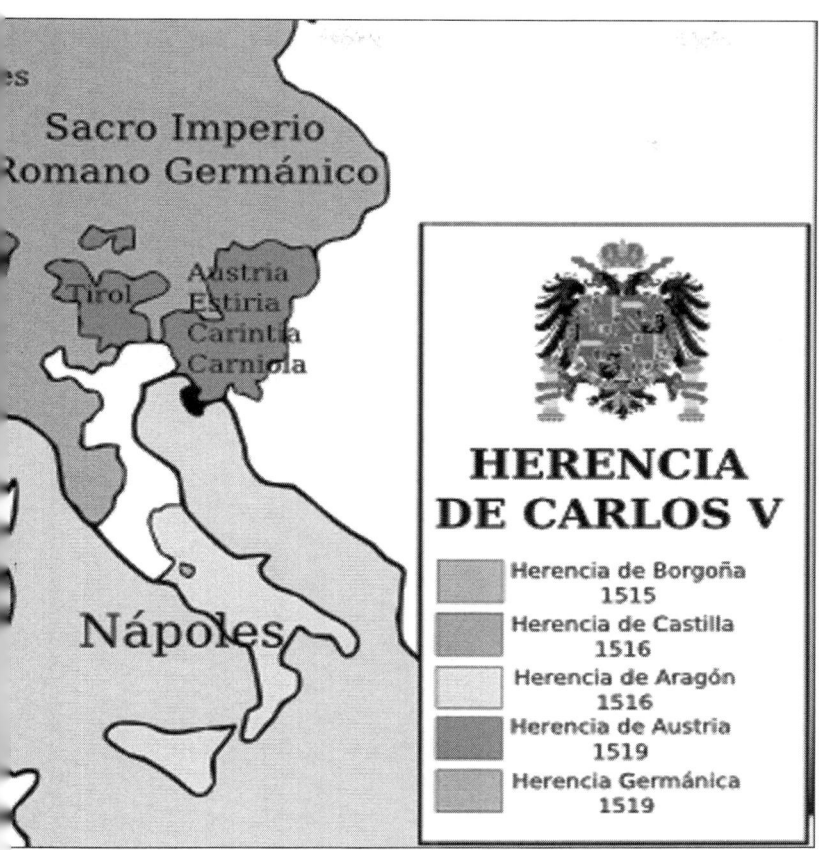

La herencia de Carlos de Gante. Convertido, por causa de los reinos que se acumularon en su persona, en el soberano más poderoso de Europa, Carlos I de España y V de Alemania (por mejor decir, del sacro Imperio romano germánico) trató de convertirse en caudillo indiscutible de una cristiandad unida contra el islam. Sin embargo, sus ideales eran ya antiguos en un mundo de naciones emergentes cuyos soberanos no reconocían autoridad alguna superior a la suya propia.

bilado por la posibilidad cierta de convertirse en cabeza del sacro Imperio. ¿Será Carlos de Gante, primer rey de España desde los tiempos del visigodo Rodrigo, capaz de comprender el sentido histórico de la tarea que heredaba? No lo fue, al menos al principio. En su espíritu, alcanzada ya la dignidad imperial, a la que era acreedor en cuanto heredero de los Habsburgo, anidan aún los valores medievales de los césares germánicos, incompatibles con la realidad de una Europa de naciones en gestación. Sin embargo, su encumbrada posición le permitió poner en práctica sus ensoñaciones. Dueño, por su abuela Isabel, de Castilla y sus Indias en constante crecimiento; señor, por su abuelo Fernando, de Aragón y sus posesiones en Nápoles, Cerdeña y Sicilia; soberano, por su abuela María de Borgoña, del Franco Condado y los opulentos Países Bajos; monarca, en fin, por herencia de su abuelo Maximiliano, de las tierras de los Habsburgo en Austria y el Tirol, llenaban sus arcas rentas mayores que las de cualquier otro rey, y sus ejércitos, forjados por el rey católico en el crisol de Granada y de Italia, no admitían parangón.

Era, sin duda, el primero entre los monarcas europeos. Pero la lucha que Carlos, I de España y V de Alemania (o, para ser más exactos, del sacro Imperio romano germánico), emprendió no se podía ganar, porque el enemigo no era un hombre, sino la Historia. Durante casi cuatro décadas, se vio obligado a sostener, sin desearla, una guerra incesante, y a menudo simultánea, en varios frentes. Los franceses, humillados por Fernando, no daban aún por perdida Italia; aspiraban a la Navarra anexionada por aquel, y pretendían preservar su control sobre el ducado de Borgoña, que Carlos, que lo consideraba su patria, se negaba a ceder. Sus monarcas, Francisco I y Enrique II, solos o aliados con uno u otro de los enemigos del emperador, lo golpearán una y otra vez, estrellándose casi siempre contra un poder que supera con creces el suyo, pero forzándolo a armar ejército tras ejército, que devoran sumas monstruosas.

La sangría que le provocaba Francia dolía aún más a Carlos porque necesitaba esos recursos para hacer honor a su título imperial convirtiéndose en el campeón de la Europa cristiana unida frente al islam, encarnado ahora en el poderoso Imperio otomano. En unos pocos años, entre 1521 y 1529, los turcos otomanos habían tomado Belgrado, asesinado al rey de Hungría y alcanzado las puertas de Viena, mientras al sur, su feudatario el corsario berberisco Barbarroja se había hecho unos años antes, en 1516, con el control de Argel. La marea turca parece imparable. Y Carlos carece de una armada permanente. La alianza con Génova se la proporciona a partir de 1528, y solo entonces puede entregarse a la tarea que más le gusta. Pero es poco lo que logra: Corón y Patras en el este; Túnez en el oeste, ya en 1535. Ni Argel ni Barbarroja caen en manos cristianas, y las posesiones españolas en la costa norteafricana sucumben una tras otra.

No fueron, sin embargo, los turcos otomanos sino los alemanes quienes más atribularon el espíritu del emperador. La extensión del luteranismo por las tierras germanas arreció la tendencia particularista de sus príncipes, que enseguida intuyeron la capacidad de la nueva fe para socavar la autoridad imperial, legitimada por la sanción papal, y se lanzaron a la secularización de las propiedades de la Iglesia buscando tan solo incrementar su propia riqueza. Pero el poderoso césar, que impuso sin ambages su fe a los Países Bajos, no pudo hacer lo mismo en el Imperio. Fracasada la vía del diálogo, intentada una y otra vez en la Dieta o asamblea de los príncipes; imposibles las soluciones de fuerza, aun a pesar de sonoros triunfos como Mülhberg (1547), pagados con los caudalosos ríos de la plata castellana, Carlos se ve forzado en la Paz de Ausburgo a sancionar el derecho de cada soberano a escoger su religión y la de sus súbditos.

El césar ha fracasado; ninguno de sus sueños se ha hecho realidad. Con poco más de cincuenta años, se ha convertido en un anciano prematuro. Retirado en Yuste, abdica su corona y sus trabajos. Fernando, su hermano, le sucede en el Imperio; Felipe II, su hijo, en los demás Estados. Corre el año de 1556.

Crecido a la sombra del emperador e instruido por él en el arte de gobernar, no es raro que Felipe heredara de Carlos sus afanes y preocupaciones. A pesar de la *leyenda negra*, no fue su objetivo el de acrecer sus posesiones, sino el de conservarlas, como correspondía a la visión que de su propia *honra* tenía un príncipe del Renacimiento. Es cierto que le animó también la voluntad de defender la fe católica, y que se mostró en ello intolerante, pero no más que los otros soberanos de una época en que el derecho a escoger religión correspondía a los príncipes, no a los súbditos. Tampoco fueron muy distintos los medios de que dispuso. Sus reinos y rentas eran también muy superiores a los de cualquier soberano de su tiempo, sobre todo después de 1580, cuando se

Felipe II, por Alonso Sánchez Coello (1585). Hijo del emperador Carlos, fue preparado por su padre para ejercer el oficio de gobernar el Estado más poderoso de Europa. Sin embargo, los defectos de su carácter, en exceso perfeccionista y desconfiado, y las dificultades del contexto histórico en el que le tocó reinar hicieron de él un hombre infeliz y un monarca odiado y temido, tanto, quizá, como lo fueron los españoles en aquella Europa sometida a su hegemonía.

convirtió en soberano de Portugal y de su vasto Imperio ultramarino. Sus embajadores y ejércitos, los mejores de Europa, superaban también a los que disfrutó el emperador. Solo en un punto se encontraba Felipe en peores condiciones que su padre. Con la excepción de algunas pequeñas potencias italianas, fue incapaz de concertar alianzas estables que le hubieran hecho más llevadero el peso de la hegemonía. Solo, sin amigos ni confidentes, víctima de una desconfianza enfermiza en cuantos le rodeaban, obsesionado por controlarlo todo —*Rey de la minucia y el escrúpulo,* le llamará en el siglo XX el gran historiador Claudio Sánchez Albornoz— rodeado por doquier de enemigos que deseaban su ruina, gobernará durante cuarenta años el mayor Imperio conocido hasta entonces.

Su sola magnitud hacía que los demás Estados se sintieran amenazados y tendieran a coaligarse en su contra, lo que forzaba a Felipe, al igual que a Carlos antes que a él, a una guerra permanente. Pero el hijo tuvo más enemigos y más poderosos. No lo fue al principio Francia, que, derrotada en San Quintín en 1557, quedó luego apartada de la escena internacional por las guerras de religión que asolaron el país durante una generación. Tampoco lo fueron por mucho tiempo los turcos, vencidos en 1571 por Juan de Austria, hermano de padre del rey Felipe, en la batalla de Lepanto gracias a una alianza, la *Santa Liga,* concertada entre el papa, los españoles y los venecianos. Por desgracia, otros problemas nacerían para ocupar el lugar de los resueltos.

Los opulentos Países Bajos, una de las joyas más preciadas de la Corona española, eran presa de una rebelión que no parecía fácil extinguir. El calvinismo había arraigado con fuerza en las provincias del norte, y a él se sumaba la irritación de los nobles postergados en favor de los españoles en la gobernación del país y molestos por el aumento continuo de los tributos, necesarios para financiar las tropas enviadas a combatir a los rebeldes. La intransigencia de los calvinistas, entregados a una verdadera persecución contra los católicos, alimentó el espíritu de venganza del rey. Los tercios de Fernando Álvarez de Toledo, tercer duque de Alba, pacificaron el país a sangre y fuego, y ajusticiaron a más de mil personas, entre ellos algunos aristócratas. Fue un error cruel que el perdón general concedido por Felipe II en 1570 no pudo ya reparar y que hizo imposible para siempre una solución dialogada del conflicto. Solo habían pasado dos años cuando los calvinistas exiliados, apoyados por corsarios ingleses y hugonotes franceses, tomaban de nuevo las principales provincias del norte. A partir de entonces, Felipe alternó, sin éxito ni coherencia, la moderación y la dureza, mientras el particularismo iba prendiendo con fuerza incluso entre los católicos, cansados del coste y los abusos de las tropas españolas. El abismo en los Países Bajos entre el norte protestante y el sur católico se hizo imposible de salvar.

Quizá por ello, el ya anciano Felipe cedió los Países Bajos a su hija Isabel Clara Eugenia, que casó con el archiduque Alberto de Austria, sobrino del monarca, con la esperanza de que al heredar el país sus descendientes, concluyera al fin la pesadilla. Pero la pareja no tuvo hijos; los Países Bajos volvieron a la Corona española, y con ellos, la guerra interminable, solo interrumpida por la tregua de doce años sellada ya en tiempos de Felipe III. Aunque España no reconocería la independencia de las llamadas Provincias Unidas hasta 1648, no logró nunca someterlas de nuevo. Los rebeldes holandeses fueron durante ochenta años un Leviatán insaciable que devoraba hombres y dinero sin beneficio alguno; perjudicaba la fama de los españoles, y, poco a poco, minaba las bases de su hegemonía. La decadencia de España empezó, sin duda, a gestarse en los Países Bajos.

El conflicto tuvo, además, un efecto añadido. Las relaciones con Inglaterra, fluidas en los años del emperador, degeneraron hasta desembocar en la guerra. Felipe II, que no deseaba más problemas en el norte, fue paciente con Isabel I. Aceptó su evidente deriva hacia el protestantismo; abandonó a su suerte a la católica María Estuardo, y toleró el contrabando inglés de esclavos en la América española. Pero el apoyo de la reina a los rebeldes flamencos colmó el vaso de la paciencia real. Hacia 1580, unido Portugal a sus reinos al morir sin hijos el rey Sebastián, quedó convencido el monarca español del carácter estratégico que el Atlántico tenía para la preservación del poderío hispano y dejó de tolerar la insolencia de los ingleses. Una última correría del corsario Francis Drake, que saqueó Vigo, Santo Domingo, Cartagena y Florida entre 1585 y 1586, impuso en España la idea de que la única forma de vencer a los piratas era incendiar su nido.

La invasión de Inglaterra nació en la mente del mejor almirante español de la época, Álvaro de Bazán, marqués de Santa Cruz, como un desembarco directo en las costas británicas. Pero el plan inicial fue después modificado para que la armada se llegara a Flandes a recoger a los tercios viejos, algo muy difícil de lograr con la tecnología de la época. A ello se sumaron la inesperada superioridad artillera y de maniobra de los buques ingleses, e incluso imponderables como la violenta tempestad desatada en aguas del canal de La Mancha y la muerte inesperada del marqués, sustituido por el inexperto duque de Medina-Sidonia. Ciento treinta naves, de ellas más de sesenta barcos de guerra, tripuladas por ocho mil marinos y casi veinte mil soldados, zarparon de Lisboa el 20 de mayo de 1588. Solo volvieron sesenta y seis.

El fracaso de la que los ingleses dieron en llamar *Armada Invencible,* sin duda para acrecer el valor de su derrota, no supuso el fin del poderío naval español. Inglaterra continuó presionando sobre las Indias, pero también sufrió importantes fracasos y notables pérdidas de hombres y buques en las décadas posteriores. Había descubierto en el océano el camino de su futura primacía, pero no era aún lo bastante fuerte para imponerse en él, ni España había dejado todavía de serlo.

No por ello el monarca que se vuelve hacia el Atlántico ha olvidado sus afanes en el continente. A la pesadilla de los Países Bajos vendrá a sumarse en los últimos años del reinado la renacida amenaza francesa. Desde la derrota de San Quintín, Francia había desaparecido de la escena. Dividida por la guerra civil entre católicos y protestantes hugonotes, dedicaba todas sus energías a la supervivencia. Pero la mayoría de las grandes casas nobiliarias eran hostiles a los españoles y propugnaban una alianza con holandeses e ingleses. El apoyo español a la Liga Católica encabezada por los Guisa acelera las cosas. Muchos franceses prefieren como rey al protestante Enrique de Navarra antes que un monarca impuesto por los extranjeros. Su conversión al catolicismo —*París bien vale una misa* se dice que dijo antes de convertirse— y la tolerancia asegurada a los protestantes por el Edicto de Nantes de 1598 despejan los últimos obstáculos. Exhausta, España debe ceder. La Paz de Vervins, firmada en ese mismo año, deja las cosas como estaban en 1559. Poco después fallece Felipe II. La hegemonía española en Europa no muere con él, pero el esfuerzo realizado, inmenso, pasará pronto factura. Francia, agazapada, espera su momento.

PENURIA Y OROPELES

Pero, mientras sus ejércitos combatían en Europa, ¿cómo vivían y se gobernaban los españoles? Poco había cambiado el paisaje, en lo fundamental, desde los últimos años de la Edad Media. El cultivo de la tierra seguía siendo la ocupación de la aplastante mayoría de las gentes, y el trigo, el vino y el aceite, los productos dominantes. Los rendimientos, fruto de la combinación fatal de una tierra escuálida y una técnica atrasada, continuaban sin despegar. Y el campesino sufría, como siempre, la alternancia de buenas y malas cosechas, con su inevitable compañía de hambre, epidemias y muerte. La población, en consecuencia, se mantenía baja, no más de ocho millones hacia 1600, y el nivel de vida, miserable. La propiedad de la tierra agravaba el problema. La mayor parte pertenecía a señores laicos o eclesiásticos que la arrendaban en pequeños lotes a cambio de un pago ya casi siempre en metálico. El margen era tan escaso que el labrador que se arriesgara a endeudarse para mejorar su explotación terminaba por perderla, víctima segura de una mala cosecha o una caída de los precios, desanimando así la inversión y el progreso técnico.

No era muy distinto el panorama en las ciudades. Las urbes españolas crecen en el XVI. Sevilla, la mayor de todas ellas, alcanza las cien mil almas, y pasan de cincuenta mil Valencia y Toledo. Algunas villas castellanas cuentan con manufacturas textiles de cierta importancia. En Granada persistía, aunque debilitado, el trabajo de la seda. El cuero, la orfebrería y otras industrias menores completaban el panorama. Pero la artesanía es incapaz de alimentar un crecimiento urbano vigoroso. Por lo general, su calidad es baja, escasos los capitales, poco cualificada la mano de obra y absoluta la dependencia de los gremios, cuyo monopolio frena el progreso técnico. La arraigada mentalidad del hidalgo, dispuesto antes a mendigar que a vivir de sus manos, no facilita las cosas. Y los reyes, obsesionados con acrecer sus rentas, agravan el problema. Al fomentar la ganadería que alimenta la exportación de lana frente a los telares que la tejen, entregan el mercado a las hilaturas flamencas.

No sorprende, pues, la incapacidad de la economía hispana para responder al reto que abre ante ella el descubrimiento de América. La colonización supone una demanda enorme de alimentos y productos de todo tipo en un corto período de tiempo. El saqueo de los inmensos tesoros de los Imperios azteca e inca, unidos a la puesta en explotación de los ricos filones de plata de Potosí y de Huancavelica, traen a España cantidades ingentes de metal precioso. La combinación de ambos fenómenos con la impotencia de la economía española para aumentar la producción al ritmo requerido por la demanda tiene por efecto casi inmediato una brutal inflación. La subida de precios dificulta las exportaciones y, a la vez, favorece un rápido incremento de las importaciones. Sumado este hecho a las continuas guerras que los ejércitos españoles sostienen en Europa, el rugiente río de metal precioso tarda poco en desviarse hacia allí. España se convierte entonces en las Indias de Europa y su economía se sepulta poco a poco en un atraso del que tardará siglos en liberarse.

Mientras, la sociedad medieval tampoco ha cambiado mucho. Los estamentos —clero, nobleza y pueblo llano— aislados entre sí por una muralla legal de privilegios y exclusiones, conservan plena vigencia. La burguesía, que se despereza y crece al calor del comercio colonial y las manufacturas emergentes en Flandes, en Inglaterra, en Francia, desempeña en España una función social bien distinta. Lejos de conducir al país por la senda del capitalismo, abraza ideales de la nobleza ociosa; compra títulos que los endeudados monarcas están siempre prontos a vender, y gasta sus caudales en tierras que abrillanten sus recién adquiridos blasones y juros que afirmen su posición. Los aristócratas, protegidos por privilegios y mayorazgos que aseguran sus rentas, abandonan sus castillos solariegos para instalarse en la corte y servir al rey como generales, embajadores o consejeros. Junto a ellos, crece una nobleza de toga que se alimenta de letrados salidos de la Universidad. Hay otros nobles —caballeros de órdenes, hidalgos sin título, patriciado urbano— por lo general más cercanos al cervantino Alonso Quijano que al señor miserable del Lazarillo. Alejados de sus parientes más favorecidos, lo están más aún de un pueblo llano que les desprecia y envidia por igual. Campesinos arrendatarios y jornaleros, artesanos y comerciantes, criados y mozos los más, aplastados por el peso ingente de impuestos y tributos reales, señoriales y eclesiásticos; labradores acomodados y orgullosos de su honra los menos, temen caer, por un mal golpe de fortuna, en las nutridas filas de los marginados. Mendigos y pícaros, desertores y parados, enfermos reales o fingidos, de cuerpo y de mente, malviven en las ciudades entre la caridad y la delincuencia o se lanzan a los caminos transmutados en bandoleros dispuestos a arrancar por la fuerza lo que la sociedad, que les teme y les desprecia, les niega de buen grado.

Por encima de todos ellos, el poder del rey se ha afirmado ya más allá de toda duda. Es cierto que la Nueva Recopilación de las Leyes Castellanas de 1569 confería a las Cortes sus tradicionales poderes en materia legislativa y financiera, pero la práctica los ignoraba. Los reyes abolían por decreto leyes aprobadas por Cortes anteriores y dictaban otras nuevas sin convocarlas; introducían impuestos sin su consentimiento y, poco a poco, transferían a los consejos, en especial el de Castilla, la potestad de legislar en su nombre. El absolutismo progresaba sin más frenos que la escasa eficacia de los burócratas y la pervivencia de múltiples fueros personales y regionales.

No ocurría lo mismo más allá de las fronteras de Castilla. En la antigua Corona de Aragón, las Cortes y los señores poseían aún un gran poder, y lo mismo sucedía en otros territorios. Al contrario que los Reyes Católicos, no hubo en Carlos V, agobiado por el peso de la púrpura imperial, intención alguna de apretar los lazos entre sus reinos, y su hijo no obró tampoco con esa voluntad. Bajo los Habsburgo, o simplemente *los Austrias*, como los conocieron los españoles, la Monarquía católica no fue un mero inventario de territorios subordinados a los designios de un monarca ilimitado. Se trataba, más bien, de un conglomerado de Estados que conservaban su lengua, moneda, costumbres y tradiciones, las leyes que los regían y las fronteras que los separaban. «Los reinos —se repetía una y otra vez— se han de regir y gobernar como si el rey que los tiene juntos lo fuera solamente de cada uno de ellos».

Así lo demuestran algunos de los sucesos de estos años. La revuelta de los comuneros, entre 1520 y 1521, provocada por el rechazo general hacia la política del joven Carlos y sus consejeros extranjeros, reveló también el enfado de los pequeños comerciantes y artesanos textiles ante la creciente exportación de lana a Flandes, el resentimiento de los hidalgos frente a la alta nobleza, que parecía recuperar ahora el peso perdido bajo los Reyes Católicos, la irritación del populacho urbano contra la oligarquía que gobernaba las ciudades, o el rechazo de los campesinos hacia los derechos señoriales. Por ello amenazó pronto con convertirse en un peligroso alzamiento de pobres contra ricos, y, así las cosas, la unidad de todos quienes tenían algo que perder fue cuestión de tiempo. La nobleza apoyó al rey y las tropas de Carlos derrotaron en 1521 con poco esfuerzo a las fuerzas comuneras en Villalar, hoy Villalar de los Comuneros, en la provincia castellano-leonesa de Valladolid.

Por aquel entonces en la Corona de Aragón había estallado un conflicto en apariencia similar pero en la práctica bien distinto. En 1519, los gremios valencianos habían sido armados para enfrentarse a la amenaza de desembarco de los turcos, una posibilidad que parecía cada vez más real. Pero los artesanos de Valencia, seguidos al poco por los de Mallorca y otras ciudades, aprovecharon sus armas para alzarse contra la nobleza que les oprimía, los funcionarios que la representaban y los obedientes moriscos que la servían. Sin programa, organización ni líderes, las llamadas *Germanías* no fueron sino una revuelta espontánea y nada coherente de las gentes más humildes contra los poderosos, lo que explica la facilidad con la que fueron derrotados en octubre de 1521 por las tropas del virrey.

Con sus diferencias, el efecto de ambas revueltas fue el de incrementar la cohesión de los grupos sociales dominantes con el monarca. Pero este no aprovechó la situación para reforzar su poder fuera de Castilla. En realidad, los Habsburgo tenían pocos motivos para impulsar su absolutismo en Aragón. Su pobreza misma lo protegía. Por ello, su autonomía fue respetada, incluso cuando las circunstancias ofrecieron una clara oportunidad de terminar con ella, como en 1521 o, de nuevo, en 1590. En ese año, el antiguo secretario de Felipe II,

Antonio Pérez, encarcelado en Madrid por traición, huyó de la prisión y se refugió en Zaragoza, apelando al tribunal del justicia Juan de Lanuza, funcionario encargado de la defensa de los fueros aragoneses, el trigésimo cuarto que ocupaba aquel cargo, sobre el que el rey no tenía autoridad alguna. Felipe trató en un principio de resolver la situación acusando al díscolo secretario de herejía, lo que le colocaría bajo jurisdicción de la Inquisición, que poseía competencias en toda España. Pero el hábil Pérez, que había manipulado sin escrúpulos el sentimiento particularista de las masas zaragozanas, se salvó gracias al estallido de una rebelión popular que lo devolvió a la cárcel del justicia. El rey recurrió entonces a la fuerza. Un ejército entró en Zaragoza y restauró el orden en sus calles. La nobleza toda apoyó a Felipe y este, lejos de aprovecharse, proclamó su respeto por los fueros aragoneses.

Todos estos hechos prueban que el absolutismo regio tenía sus límites y que los monarcas españoles del XVI lo sabían muy bien. Pero había un dato objetivo que los reyes no podían pasar por alto. España, y en especial Castilla, sostenían con sus tropas y sus rentas la mayor parte de los costes del Imperio, Imperio, por supuesto, *de facto,* que no *de iure,* pues no llevaron jamás los reyes de España, después de Carlos V, el título de emperadores. Por ello, los españoles fueron copando poco a poco los cargos de confianza cerca del rey. Sus embajadores, sus generales y sus virreyes eran en su mayoría españoles. El español desplazó pronto al francés, al flamenco o al alemán como lengua de la Administración. La Corte se hizo al fin estable, y Madrid, en el centro de España, se convirtió en la capital. Y fue también el modelo heredado de los Reyes Católicos el que se impuso en el conjunto de la Monarquía.

Próximo al soberano, el Consejo de Estado, en el que se sentaban los nobles y prelados más conspicuos, aconsejaba al rey en política exterior y controlaba el funcionamiento de las embajadas. Pero se trata de un órgano consultivo. El verdadero poder queda en manos de otros consejos, como el de la Inquisición, que, a pesar de su pretendida finalidad religiosa, otorga al rey su más fabulosa herramienta de control político; el de Hacienda, que se preocupa por mediar el gasto con la renta, y, sobre todo, el de Castilla, que va afirmándose como órgano fundamental de la Administración, ampliando sus competencias y profesionalizando a sus miembros.

El Estado es, sin embargo, algo más que Castilla, el monarca y sus consejeros. La estructura del Imperio se refleja en su Gobierno. Junto a los destinados a funciones concretas, los Consejos de Aragón, Navarra, Italia, Flandes, Portugal e Indias se ocupan de administrar estas tierras en nombre del rey, velando desde la corte, sin ejercerlo directamente, por que su Gobierno se ajuste a sus leyes y costumbres. Para ejercerlo, nombraba el monarca un funcionario de muy alto rango, llamado virrey en unos casos y gobernador en otros. Aragón, Cataluña, Valencia, Navarra, Nápoles, Sicilia y Portugal, en Europa, tuvieron sus virreyes: la Nueva España y el Perú, en América, contaron con los suyos; los Países Bajos, Milán y el Franco Condado fueron siempre responsabilidad de un gobernador.

Tal era el Gobierno de la Monarquía hispánica en el siglo XVI, un probado equilibrio entre un férreo control sobre Castilla, la pieza fundamental, que disfrutaba de los mayores privilegios y sufría los mayores sacrificios, y una presión mínima sobre las demás, persuadidas para que se sintieran asociadas libremente en una empresa común y por completo respetadas en su especificidad. El principio era simple y, casi siempre, fue también eficaz. Solo fracasó en el norte de los Países Bajos, quizá porque el grado de violencia ejercida fue excesivo. Pero el precio a pagar era muy alto. Por un lado, los castellanos cargaban con el peso de un Imperio del que solo sus nobles y prelados obtenían beneficio. Por otro, el mecanismo tardó poco en revelarse como farragoso y lento en demasía. La mayoría de los consejos dependían casi por completo de las decisiones regias, y ni el más trabajador de los reyes habría tenido tiempo de tomarlas. Las soluciones que se ensayaron —incrementar la autonomía de los secretarios del monarca, crear juntas más pequeñas para dar respuestas rápidas a los asuntos más urgentes— no funcionaron. Solo en el siglo XVIII el problema recibirá una respuesta eficaz.

Había, por otra parte, una cuestión aún más acuciante, aunque no exclusiva de la Monarquía hispánica: la crónica insuficiencia de los ingresos del Estado. Los reyes españoles obtenían sus rentas de diversas fuentes. Las entradas ordinarias provenían de la alcabala, un impuesto sobre el comercio convertido ahora en tanto alzado que pagaban las ciudades y villas. A ella se sumaban los subsidios votados por las Cortes, las rentas aportadas por el maestrazgo real de las órdenes militares, y la participación en los cuantiosos ingresos de la Iglesia, que cedía al monarca un tercio de sus diezmos, una parte de las rentas del clero, un gravamen sobre los bienes parroquiales y el total del producto de la venta de bulas e indulgencias. Tenían también su importancia los ingresos procedentes de las Indias, en especial el quinto real del oro y la plata allí obtenidos y los tributos específicos que gravaban el comercio ultramarino. Pero tan numerosos impuestos se revelaban incapaces de cubrir los colosales gastos de la Monarquía, y la forma de compensar la diferencia no era otra que pedir dinero a quien lo tenía. Entre ellos se encontraban los banqueros, con los que los monarcas concertaban *asientos,* o contratos de préstamos que hipotecaban sus ingresos futuros, y, como hoy en día, el conjunto de la población, a la que se ofrecían, a cambio de un interés, los famosos juros. Pero ni aun así se obtenían recursos suficientes para espantar el fantasma de la bancarrota, que acudía de tanto en tanto a alterar el sueño de los monarcas hispanos. La Monarquía católica, impresionante en su aspecto externo, virtualmente invencible durante más de una centuria, se mostraría al fin en su auténtica naturaleza: un gigante con pies de barro.

6

Un gigante con pies de barro

> Las circunstancias que obligaron a España a una retirada gradual de sus aventuras imperiales durante la última década del siglo XVI y la primera del XVII eran a la vez universales y nacionales. La crisis nacional, castellana, era la única que, forzosamente, atraía la atención de los contemporáneos. Tras ella, sin embargo, se ocultaba una crisis mucho menos evidente pero de dimensiones mucho mayores y que inevitablemente actuaba sobre la suerte de Castilla. Era esta la crisis provocada por un cambio gradual pero profundo en el carácter de las relaciones económicas entre España y su imperio de ultramar.
>
> John H. Elliott: *La España imperial,* 1965.

Decadencia

La dramática, y ya innegable, falta de recursos que padecieron los monarcas españoles desde finales del siglo XVI habría de ser el factor determinante que les condenara a perder su hegemonía. Pero eso no sucedió de inmediato. Muerto Felipe II en 1598, asciende al trono su hijo, Felipe III, que reinará hasta 1621. La España que hereda el joven rey es todavía la mayor potencia de Europa. Son inmensos sus territorios, que abarcan casi toda la América conocida, la península ibérica, gran parte de Italia, Sicilia y Cerdeña, el Franco Condado y el sur de los Países Bajos, y un interminable rosario de archipiélagos y factorías comerciales en África, el Pacífico y el Índico. Impresionan sus rentas, alimentadas por la plata americana y los nutridos impuestos castellanos. Imponen respeto sus ejércitos, imbatibles aún en los campos europeos. Y asombra su cultura, en la plenitud de su Siglo de Oro. Y, sin embargo, al concluir el siglo España no solo ha perdido la primacía, sino que ni siquiera cuenta ya entre las grandes potencias. ¿Cómo puede explicarse una caída tan rápida y profunda?

La decadencia no es una excepción de la Historia, sino la norma. Sobre los Imperios de todos los tiempos pesa una inexorable condena en virtud de la cual los ingentes gastos que les exige su preservación terminan por minar las bases económicas sobre las que se asienta su poder. Tal mecanismo actuó también en el caso del Imperio español —Imperio de facto, ya lo hemos dicho—, cuyos soberanos, a pesar de lo extraordinario de sus ingresos, hubieron de asumir crecientes deudas que nunca se hallaron en condiciones de pagar. Los esfuerzos que impusieron a la población, cada vez mayores y tanto más dolorosos cuando coincidían con períodos de crisis, en parte por ellos mismos provocados, terminaron por hacerse insufribles y alimentaron rebeliones y movimientos secesionistas que, combinados con la guerra exterior, forzaron a los reyes españoles a abandonar la lucha.

A lo largo de la centuria, el país perdió un millón de habitantes, concluyendo el siglo con poco más de siete millones de almas. El continuo esfuerzo bélico y, por vez primera en mucho tiempo, la guerra dentro de España misma; la sucesión de malas cosechas; el persistente goteo de gentes que cruzaban el océano en busca de mejor futuro en las Indias; la expulsión de los moriscos, que arruinó regiones enteras, y el azote de la viruela, el tifus, la disentería y, sobre todo, la peste combinaron sus efectos para hacer de este siglo el peor de la historia demográfica de España.

El atraso de la agricultura explica en buena medida la recesión. La concentración de la propiedad en manos de la nobleza absentista es todavía mayor en este siglo como resultado de la enajenación de los bienes comunales, que privan de parte de sus ingresos a los campesinos pobres y los condenan a una miseria que la tímida introducción de nuevos cultivos, como la patata o el maíz, venidos de América, no pueden paliar. La creciente voracidad fiscal despuebla regiones enteras en Castilla, cargando a la agricultura con el peso añadido de la falta de brazos. Y el temor obsesivo de los consejeros regios a la potencial quinta columna morisca en un momento de intensa piratería turca y berberisca, que llevará a su expulsión en 1609, priva a los campos aragoneses y valencianos de miles de trabajadores, reduciendo de

Portada de la *Vida del pícaro Guzmán de Alfarache*, publicada en 1599 por Mateo Alemán. La picaresca, y su protagonista, el pícaro, trazan como ningún otro género literario un retrato perfecto de la sociedad española del siglo XVII, tanto en su aspecto material como el de las mentalidades.

forma drástica la producción de las comarcas más fértiles del país.
La decadencia llega también a las manufacturas. Angostada la demanda por la miseria campesina, el adelgazamiento de las clases medias y el gusto extranjerizante de la nobleza; drenados los capitales por la guerra, el lujo y la deuda pública; desanimado el emprendedor por la mentalidad rentista y el asfixiante control de los gremios, y conmovida la economía entera por los brutales impuestos y la inestabilidad monetaria, solo algunas industrias menores, como las del cuero, el jabón, el papel o el vidrio, que vendían sus productos allí donde los producían, lograron sobrevivir al colapso general. Las fundamentales, que empezaban ya a proporcionar a los países norteños las bases de su posterior pujanza industrial, como la construcción de barcos, el trabajo de los metales o las hilaturas, no solo no lograron avance alguno, sino que languidecieron hasta encontrarse al borde de la desaparición.

Con ello perdió nuestro país la batalla del comercio exterior a manos de los decididos comerciantes ingleses, franceses y holandeses, y terminó también por entregarles su mercado doméstico y el aún más preciado de las Indias, que requerían cada vez menos de la metrópoli para su supervivencia y comenzaban a producir por sí solas todos los productos que antes importaban de España.

Mientras, España dormía. La aristocracia crecía en número y prestigio, ganando terreno a unos reyes ávidos de fondos que no hallaban ya otro recurso para satisfacer sus gastos que el de vender títulos y enajenar con ellos pueblos enteros. La mentalidad nobiliaria hacía estragos.

Pocas eran ahora las familias de mercaderes o banqueros que conservaban su actividad más allá de dos o tres generaciones. Su ambición era adquirir tierras, fundar un mayorazgo, adquirir un título y entregarse a la ociosidad, sin otra aspiración que los cargos y las prebendas. El desprecio de los oficios manuales alcanzaba a todos. Para quienes no podían aspirar a la nobleza, quedaba como salida más honrosa la posibilidad de tomar los hábitos. El clero incrementaba así sus efectivos llenando el país de gentes ociosas; acumulando, gracias a las donaciones, bienes que se arrebataban a su capital productivo, y ampliando las distancias en el seno de un estamento en el que convivían verdaderos príncipes como los sucesivos arzobispos de Toledo y curas miserables que subsistían de la caridad de las gentes.

Y mientras la nobleza y el clero crecían, crecía con ellos la exención fiscal, y trataba el Estado de recuperar lo que perdía exprimiendo con mayor fuerza la bolsa de los pecheros. Los más soportaban con estoicismo el sufrimiento; muchos huían, buscando otra oportunidad más allá del océano; otros, con más arrestos, se convertían en bandoleros, prestos a recuperar por la fuerza lo que se les quitaba, y otros muchos, en fin, languidecían entre la delincuencia y la mendicidad, convertidos en pícaros, arquetipos, junto a monjes e hidalgos, de una España decadente que la Historia parecía arrumbar en las márgenes de su río imparable.

Durante las dos primeras décadas del siglo, sin embargo, estos males quizá pudieron todavía hallar remedio. La paz con Francia, Inglaterra y las Provincias Unidas ofrecía la oportunidad de poner en orden las finanzas, estimular la economía y prestar mayor atención a los problemas internos. Pero España carecía de gobernantes. Al rey Felipe III no le interesaban tales asuntos, y ni siquiera supo escoger a quien los condujera en su lugar. Su favorito, Francisco Gómez de Sandoval Rojas y Borja, primer duque de Lerma, era tan incapaz como él, y no tenía más interés que enriquecerse a sí mismo y a sus amigos.

Así, la corrupción y el nepotismo devoraban ahora lo que las guerras se habían llevado antes, y los impuestos y la deuda no dejaban de crecer. De poco sirvió que el Consejo de Castilla se pronunciara contra el excesivo crecimiento de los tributos, y recomendara reducir los gastos y los cargos innecesarios que entorpecían la Administración y lastraban sus presupuestos. Y menos aún los arbitrios que aconsejaban al monarca repartir las cargas del Imperio entre sus reinos, liberando a Castilla del enorme peso que soportaba. Los consejeros del rey solo se mostraron enérgicos a la hora de tomar decisiones que golpeaban a los más débiles de sus súbditos, como la expulsión de los moriscos, decretada en 1609.

Concentrados en su mayoría en Aragón y Valencia, donde trabajaban las tierras de la nobleza, su expulsión supuso un terrible golpe para ambos reinos, que, durante décadas, se convirtieron en peso muerto para una España que parecía empeñada en destruir las bases mismas de su poder. Y Cataluña, incapaz de retornar a la prosperidad perdida en el siglo XIV, azotada por un bandidismo crónico, no podía tomar aún su relevo. Solo Castilla quedaba para sostener a la Monarquía. Pero Castilla no podía soportar por mucho tiempo semejante peso.

Habría que esperar a un nuevo monarca y a un nuevo valido para que el Gobierno se atreviera a poner el dedo en la llaga. Felipe IV, que sucedió a su padre el 31 de marzo de 1621, contaba tan solo dieciséis años cuando accedió al trono. Como su progenitor, el nuevo rey era un irresponsable, pero, a diferencia de él, supo al menos depositar su confianza en un hombre capaz, cuya única meta, a más del poder mismo, era el bien de su país: Gaspar de Guzmán, conde-duque de Olivares.

Aunque soberbio y autoritario, ambicioso y poseído por un desmedido afán de mandar, el nuevo valido* llegaba al poder con un programa bajo el brazo. En realidad, y a pesar de lo que pudiera parecer, no era sino un conservador. Convencido del derecho legítimo de su rey a preservar su herencia y de su obligación de defender por doquier la fe católica, entendió que el problema fundamental de su Gobierno había de ser reunir los recursos que se lo permitieran. El primer paso sería renunciar a lo superfluo. Las prebendas debían recortarse; la burocracia, limitarse a lo necesario; la corte, acomodarse a una mayor austeridad. Luego trató de atajar la corrupción y hacer pagar a los culpables. El duque de Lerma, antiguo valido de Felipe III, y el de Osuna, que había sido virrey de Sicilia y Nápoles, fueron procesados por desfalco. Solo cuando quedó claro que nada de eso bastaría, se dejó tentar Olivares por nuevos tributos. Pero Castilla, víctima secular de la voracidad de sus monarcas, se hallaba ya en el límite de su resistencia.

Así lo entendió al fin el conde-duque. Si la guerra no podía detenerse y Castilla sola no era capaz de pagarla, los demás reinos de la Monarquía habrían de

Breve historia de España I: Las raíces

Corpus de sang, por Antoni Estruch, 1907, (la revuelta de los segadores en Cataluña el día del Corpus de Sangre), Museo de Historia de Sabadell. La revuelta de los segadores, mitificada hasta la saciedad por el nacionalismo catalán, no fue una acción política, ni tampoco se dirigió contra el rey de España, sino contra los abusos de sus tropas, extranjeras en su mayor parte.

contribuir a hacerlo en proporción a sus recursos. Esta tesis fue el fundamento de la denominada *Unión de Armas,* un proyecto de organización de un ejército de reserva que las distintas regiones habrían de sostener de acuerdo con sus posibilidades. Pero, desde tiempo atrás, Olivares reflexionaba sobre la necesidad de reformar la constitución de la Monarquía, que limitaba no solo el poder del rey fuera de Castilla, sino el potencial exterior del Estado. Creía el valido que las leyes debían someterse en todo el Imperio al mismo patrón que las castellanas, no para *castellanizar* a los otros reinos, sino porque tales leyes eran las que menos trabas ponían al poder central, y solo un poder central fuerte podía asegurar el futuro de la Monarquía católica. Por supuesto, habría oposición, pero el enérgico ministro se creía capaz de apaciguarla.

Primero intentaría atraerse a la nobleza de los otros reinos, seduciéndola con mercedes y cargos, invitándola a compartir con la castellana el honor de gobernar el Imperio. Si esto no bastaba, se negociaría, recordando, sin usarla, de qué lado se hallaba la fuerza. Solo si fracasaba la negociación se recurriría a la violencia. Habría derramamiento de sangre, pero el premio merecía la pena. En la mente del ministro la Monarquía hispánica iba dejando paso, de forma difusa, al Estado nacional. Hasta entonces España había existido como recuerdo, como sentimiento; ahora debía comenzar a existir como Estado y como nación.

Pero los designios de Olivares, idénticos a los de Richelieu en Francia, que sí pudo coronar con éxito, equivocaron el momento. Lo que el valido ofrecía compartir no era la opulencia, sino la miseria. ¿Quién podría estar interesado en un trato así? Incluso la Unión de Armas hubo de superar terribles obstáculos. Las Cortes se resistieron. Las de Aragón y Valencia cedieron al fin. Pero las catalanas, que argumentaban, con razón, que se les exigía más de lo que les correspondía por su población, se negaron en redondo. Olivares recurrió entonces a la astucia. Si Cataluña no deseaba ir a la guerra, la guerra iría a Cataluña. La campaña de 1639 contra Francia se iniciaría con una ofensiva desde la frontera catalana, de forma que el Principado no tendría más salida que acoger y pagar los ejércitos reales, implicándose al fin en la defensa de los intereses colectivos de la Monarquía. Pero los efectos de la medida fueron contraproducentes. Los abusos de las tropas exasperaron a los campesinos y los condujeron a la rebelión. Fue un levantamiento espontáneo, sin ideas ni objetivo alguno, una revuelta de pobres contra ricos, de jornaleros contra propietarios, de menestrales contra oligarcas; un estallido de violencia social, no política. Pero los dirigentes catalanes creyeron poder cabalgar al tigre y dirigir sus garras hacia el monarca. Calcularon mal sus posibilidades y el ímpetu popular les desbordó. Entonces, traidores a su rey, volvieron los ojos a su enemigo secular y, mientras las tropas reales marchaban hacia Cataluña, el 24 de septiembre de 1640, ofrecieron al francés Luis XIII la corona y la lealtad.

Las tropas francesas no fueron más amables que las de Olivares; su coste recayó sobre las mismas espaldas, y la guerra se cebó en el país. La competencia francesa aniquiló su comercio y el absolutismo de su rey laminó sus constituciones. Mucho tardaría en llegar la paz. Cuando lo hizo al fin, en 1659, Cataluña conservó sus fueros y aprendió que sin el resto de España, caería en manos de Francia, unas manos mucho más exigentes. Había pagado un altísimo precio.

Mientras, también los portugueses se habían sublevado. La unión con España beneficiaba a la nobleza lusa bajo la forma de una creciente participación en los beneficios del comercio colonial y un acceso cada vez mayor a empleos y prebendas en las Indias españolas. Olivares podía, por tanto, pensar que si Portugal se lucraba con el Imperio, tenía que contribuir a sostenerlo. Cosa distinta era, también aquí, la oportunidad del momento. Los holandeses se habían apropiado del Imperio portugués en el Índico y penetraban con fuerza en Brasil; el pueblo padecía los males de la centuria y nunca había acogido con simpatía la unión con España, y la Iglesia recelaba de unos monarcas inclinados a beneficiar a los conversos judíos. Fácil era, pues, para los aristócratas culpar de todo a los españoles y desviar contra ellos la violencia popular. Apenas seis meses después de encendida la furia catalana, desguarnecido Portugal de tropas y de atención, estallaba la revuelta de los portugueses. El 1 de diciembre de 1640, el duque de Braganza se proclamó rey con el nombre de Juan IV. Con las falsas simpatías de Holanda, que robaba mientras tanto sus colonias; con el apoyo de ingleses y franceses, que deseaban perjudicar a España; reconocida en 1648 por las potencias reunidas en Westfalia para devolver la paz a Europa después de treinta años de guerra, la independencia fue enseguida un hecho que la Corte de Madrid, testaruda, no asumiría de forma oficial hasta 1668.

Hubo otras rebeliones, en Nápoles, en Sicilia, en Aragón, en Andalucía, pero ninguna tan importante, ninguna tan peligrosa. La verdad seguía allí, contumaz, sin que la vieran ni el rey ni su valido. España no tenía ya nervio para sostener su Imperio. Pronto perdería el papel principal en el drama de la Historia y había de verse forzada a salir, humillada, del escenario.

LAS ESPAÑAS DE AMÉRICA

Mientras todo esto sucedía en España, profundos cambios tenían lugar en las Indias. A lo largo del siglo XVI, los territorios americanos habían permanecido firmemente sujetos al control de la Corona española. Sus funcionarios, enviados desde la península, los gobernaban; sus comerciantes, integrados en el monopolio sevillano, los abastecían de cuanto pudieran necesitar, y la plata, el único producto local que en verdad interesaba a los monarcas españoles, afluía hacia sus arcas en cantidades ingentes. Si bien, en un sentido estrictamente jurídico, los virreinatos americanos poseían rango de reinos autónomos dentro del entramado constitucional de la Monarquía hispánica, su verdadera posición en ella era tan dependiente como la de cualquier colonia hacia su metrópoli. Y aunque el imperialismo que sus soberanos imponían a América era más bien benévolo y paternalista, no dejaba por ello de resultar innegablemente explotador. Hasta 1600, el equilibrio de poder en el seno del mundo hispánico beneficiaba con claridad a la península.

Pero dicho equilibrio iba a experimentar un verdadero vuelco desde comienzos del siglo XVII. Conforme se agotaba la plata de los yacimientos americanos y se encarecía su extracción, primero en México, luego también en Perú, nuevas fuentes de riqueza comenzaron a desarrollarse. Junto a las cada vez menos rentables explotaciones mineras, brotaron poco a poco vastas plantaciones de azúcar, maíz, cacao y tabaco, enormes ranchos ganaderos y pequeñas manufacturas de cuero, tejidos y muebles que pronto fueron capaces de producir lo suficiente no solo para satisfacer las necesidades locales, sino también las de las comunidades vecinas.

De este modo, fue tejiéndose una tupida red de nuevas rutas comerciales, primero solo en el interior de

La América hispana en el siglo XVII. Mientras los reinos peninsulares de la Monarquía, en especial Castilla, languidecían, los virreinatos americanos iniciaron un notable desarrollo que hizo de ellos economías prácticamente autosuficientes.

los virreinatos de Nueva España y el Perú; después, también entre ellos, cubriendo distancias cada vez mayores, de modo que los comerciantes locales empezaron poco a poco a sustituir en los mercados americanos a los afincados en la península ibérica, reduciendo con ello su actividad y sus beneficios. México enviaba al Perú manufacturas y productos de lujo, y recibía a cambio plata, mercurio y vino. Venezuela vendía a los mexicanos cacao y recibía a cambio el preciado metal. Y el cacao y la plata marchaban luego a Filipinas, donde compraban exquisita seda llegada desde China para vestir a los nuevos ricos de México y el Perú.

Era cuestión de tiempo que aquellos flamantes mercaderes dieran el siguiente paso, mostrando en la conquista del mercado exterior la misma resolución de que habían hecho gala al apoderarse del interior. Y así lo hicieron a partir de la década de 1620, cuando muchos de ellos se hallaron por fin en situación de vender sin intermediarios sus productos a sus colegas portugueses, ingleses y holandeses, fuera del asfixiante monopolio que imponía la Corona española. En poco tiempo, los barcos de aquellas naciones comenzaron a desviar hacia las plantaciones y los ranchos locales una parte creciente de los esclavos africanos destinados a las minas de plata, cargando de vuelta sus bodegas con café, cacao y otros productos americanos de gran demanda en Europa.

El beneficio así obtenido por los comerciantes americanos fue ingente, tanto que pronto generó grandes capitales que no solo se reinvirtieron en las propias explotaciones americanas, alimentando el proceso, sino en la misma península e incluso en otros lugares de

Europa. Los llamados *peruleros,* agentes de los capitalistas peruanos que operaban en España, se convirtieron enseguida en personajes tan comunes como odiados por los comerciantes peninsulares. Mientras, las remesas de plata que llegaban de América eran cada vez menores y el monto total del comercio colonial sufría una intensa y persistente disminución. Entre 1600 y 1650, 6 573 barcos hicieron *la carrera* de las Indias; entre 1650 y 1699, la hicieron solo 1 835. Incluso los propios navíos eran distintos. Un número cada vez mayor de ellos habían sido construidos en América, y fue cuestión de tiempo que importantes astilleros, como los de La Habana o Cartagena de Indias, hicieran la competencia a los españoles a la hora de dotar de buques incluso a la propia armada real.

Los cambios sociales corrían parejos a los económicos. Mientras los indígenas veían año tras año cómo se reducían sus efectivos, aumentaban en número los esclavos africanos y la población blanca, dentro de la cual comenzó a ganar importancia una nueva clase social enriquecida por el desarrollo agrario, ganadero y comercial: los criollos. Terratenientes y comerciantes, no eran ya meros ejecutores de la voluntad real en América, y sus intereses, cada vez más definidos y poderosos, chocaban en ocasiones con los de la misma Corona. Gobernar sin contar con ellos los inmensos virreinatos, fue convirtiéndose a lo largo del siglo en una tarea imposible para los burócratas enviados desde España, que se vieron obligados a pactar. A lo largo del siglo XVII, la imposición dejó lugar al compromiso: la Corona tendría su parte —una parte menor que antes, desde luego—, pero los criollos debían tener la suya. Mientras los monarcas aceptaron este acuerdo tácito, no hubo problemas; cuando dejaron de hacerlo, ya en la segunda mitad del siglo XVIII, la independencia de los territorios americanos de la Monarquía hispánica se convirtió para los criollos en una alternativa mucho más atractiva que la permanencia en ella.

LA FATIGA DEL IMPERIO

En 1621, cuando ascendía al trono Felipe IV, con razón podía recordarle su privado Olivares que era *el mayor monarca del mundo en reinos y posesiones*. Pero aquel rey aún poderoso necesitaba del mismo combustible que ha alimentado siempre la potencia de los Estados: el dinero. Y España lo tenía cada vez menos justo en un momento en el que sus compromisos imperiales iban a exigirle más que nunca.

Tras la aceptación de una tregua humillante en los Países Bajos, el reinado de Felipe III había sido pacífico. Pero en 1618 se había prendido en Bohemia el fuego de la guerra. Al poco se extenderá a Alemania. Luego, a toda Europa. Pugna entre católicos y protestantes, entre el emperador y los príncipes, entre la centralización y el particularismo, la contienda atrae a los soberanos extranjeros, que tratan de forzar su desenlace en favor propio. Primero España, movida por la solidaridad dinástica, que le fuerza a acudir en ayuda de sus primos Habsburgo, que ocupan el trono imperial; después suecos y daneses, protestantes que acuden en auxilio de sus hermanos en la fe; por último Francia, deseosa de asestar el golpe definitivo a la odiada dinastía austríaca, que la envuelve desde hace un siglo por el este y por el sur. La guerra civil alemana se torna conflicto general, la más tarde llamada *guerra de los Treinta Años,* y, a la larga, combate singular por la hegemonía entre las dos mayores potencias, la España de Olivares y la Francia de Richelieu y Mazarino. El triunfo caerá del lado francés, y con él, la primacía sobre un continente exhausto.

Pero se trató de una lucha encarnizada, un durísimo combate que atravesó cuatro décadas en el que España pareció capaz de alzarse una vez más con la victoria. En los primeros años, los éxitos de los ejércitos españoles e imperiales estuvieron a punto de dar el triunfo a los Habsburgo. Pero entonces Olivares cometió su primer error. Vencida la tregua con los rebeldes holandeses en 1621, optó por no renovarla. No podía hacerlo, pues Holanda no había dejado de hostigar a las colonias españolas y portuguesas, pero, en lugar de dedicar sus recursos a protegerlas, los dedicó a proseguir la guerra en Europa, donde España se jugaba la honra, pero no el interés. Con ello ponía en riesgo la fuente principal del poderío español a la vez que colocaba a Portugal en la tesitura de abandonar a España o renunciar a su Imperio. Y al final, España perdió de todos modos los Países Bajos, pero también Portugal, y a punto estuvo de perderlo todo.

No obstante, semejante destino parecía impensable en los primeros años veinte. Derrotados los protestantes en el sacro Imperio y aseguradas las comunicaciones con Flandes, Olivares podía entregarse a la guerra contra las Provincias Unidas. Los éxitos se suceden frente a

Breve historia de España I: Las raíces

Europa a mediados del siglo XVII.
Tras la paz de Westfalia (1648) y Pirineos (1659),
resulta evidente que la Francia de Luis XIV ha ocupado
el papel de España en el concierto europeo.
Hasta el final de la centuria, la Monarquía hispánica
no es ya sino un gigante sin fuerzas para defenderse
que contempla impotente cómo sus vecinos le arrancan,
uno tras otro, jirones de sus harapos.

holandeses, franceses e ingleses. Amparada por ejércitos que suman más de trescientos mil hombres, defendida por una armada que supera de nuevo los cien navíos de guerra, España parece invencible.

La paz se presume próxima a comienzos de los años treinta. Las hostilidades cesan con Francia e Inglaterra. Pero entonces Suecia interviene en el sacro Imperio en ayuda de los protestantes. Richelieu, que esperaba otra oportunidad, lo hace también. Flandes peligra, y Olivares reacciona. En 1634, un nuevo ejército español penetra en Alemania y derrota a los suecos. Pero Richelieu teme el triunfo de los Habsburgo y resiste a toda costa. La guerra continúa seis años más. Y entonces, en 1640, estallan las revueltas en Cataluña y Portugal. La Monarquía empieza a cuartearse y en Europa llegaban los primeros fracasos. El 19 de mayo de 1643, España sufre una humillante derrota en Rocroi, en los Países Bajos. Aquellos viejos tercios no eran los de siempre. Su lealtad no había decrecido. En aquella batalla, en la que los mercenarios huyeron cobardemente del enemigo francés, los españoles, antihéroes desgraciados pero valerosos, lucharon hasta morir. Pero sí eran menores los recursos. Faltaban caballos, faltaban pertrechos, faltaba dinero. España no podía ya sostener la guerra contra tantos enemigos a la vez. Había que buscar la paz, y la paz no llegaría mientras Madrid no reconociera la independencia de las Provincias Unidas. Así lo hizo en 1648 por el Tratado de Münster, que ponía fin a ochenta años de guerra.

Entretanto, en Westfalia, aquel mismo año, llegaba al fin para Europa la ansiada paz. Españoles y franceses, sin embargo, seguían en guerra. Francia, debilitada por la revuelta de la Fronda, se tambaleaba a punto de caer. Pero España carecía ya de fuerzas para empujarla al precipicio. Y cuando la Inglaterra de Cromwell se decantó al fin por la alianza francesa, la suerte quedó echada. El clamor en favor de la paz se hizo unánime. Después de tres meses de dura negociación, la Paz de los Pirineos forzaba a España a renunciar al Rosellón, la Cerdaña y varias plazas fronterizas en los Países Bajos, a las que se añadiría después Artois. Portugal, independiente ya *de facto,* lo sería *de iure* pocos años después.

Felipe IV moría, viejo y cansado, en 1665. El que la propaganda llamara el *Rey Planeta* había dejado a España convertida en un satélite, sin peso ya en el concierto de las grandes potencias. Pero lo peor estaba por llegar. Carlos II, su sucesor, un niño enfermizo y débil que no fue nunca capaz de gobernar, entregado siempre a validos que lo manejaron a su antojo, no podía sacar a España del letargo en el que parecía haberse instalado.

Más que letargo, el mal de España era el agotamiento. Bajo el peso de un Estado menesteroso y corrupto, de nuevo entregado a los aristócratas, el país languidecía, presa de una enfermedad que parecía terminal. Castilla toca fondo. Plagas, diluvios, malas cosechas, pestes y hambrunas se abaten sobre ella. Los Gobiernos de Carlos II agravan el mal abusando de la manipulación monetaria y los tributos, que drenan hasta el último ducado de una economía en trance de regreso a la mera subsistencia. Solo en los últimos años del reinado verán la luz valientes intentos de reforma, que se estrellarán contra el muro infranqueable del privilegio y la cerrazón de la burocracia, la nobleza y el clero. La periferia, protegida por sus fueros de los desmanes del Gobierno y beneficiada por la libertad comercial decretada por la Paz de los Pirineos, disfruta mientras de una oportunidad que, negada a Castilla, solo Cataluña aprovecha. Su agricultura crece; sus textiles, que se venden ya en Francia, se aprestan a conquistar el inmenso mercado americano. El bandolerismo desaparece y vuelven a ser seguros los caminos de una región que se prepara para encumbrarse a la primacía peninsular. Aragón y Valencia tendrán menos suerte. El espantoso daño causado a sus economías por la expulsión de los moriscos aún no ha sido reparado. La fortaleza inexpugnable del poder señorial pesa como una losa sobre el futuro de unas regiones que tendrán que esperar mejores tiempos. Valencia será presa de revueltas engendradas por la desesperación campesina; Aragón, poco más que una colonia de la economía francesa.

Triste sin remedio había de ser el papel de esta España desfallecida en la Europa de la segunda mitad del siglo XVII. El francés Luis XIV piensa en la sucesión de un Imperio que, unido al suyo, le otorgaría un poder inigualable. Pero su pariente Carlos II no muere tan pronto como se suponía, y Luis no sabe esperar, de modo que trata de tomar por la fuerza lo que no alcanza de grado. España no tiene ya nervio para defender lo suyo. Victoria tras victoria, el Rey Sol hace saltar los cerrojos con que los Habsburgo habían cerrado el camino de Francia hacia la Europa central. En Aquisgrán (1668), Madrid habrá de renunciar a doce plazas fuertes en los Países Bajos; en Nimega (1678), pasan a manos francesas el Franco Condado, lo que restaba de Artois y un nuevo pedazo de los Países Bajos; en Ratisbona (1684), los españoles se ven obligados a ceder por veinte años la fortaleza de Luxemburgo. Los ejércitos franceses avanzan imparables. Parece que antes de que acabe aquel siglo trágico todo va a perderse.

Pero, moribunda ya la centuria, algunas cosas han cambiado. Francia está agotada por los esfuerzos que le ha impuesto la desmedida ambición de su señor. Desvelados sus designios, toda Europa parece estar frente a Versalles. Envejecido y solo, Luis XIV devuelve sus conquistas y retornan las fronteras de Nimega. En Ryswick (1697), Cataluña, temporalmente ocupada, Luxemburgo y todo un rosario de plazas fronterizas de los Países Bajos regresan a la soberanía española. El Rey Sol retoma entonces la vía diplomática, pues parece ya que Carlos II, que no ha tenido hijos, morirá de un momento a otro. Pero ahora, más sabio y menos fuerte, comprende que Europa no le permitirá quedarse con todo. España, débil pero no pequeña, podía aún asegurar la hegemonía al monarca que la heredase. No hay más salida que el reparto, pero no es fácil. Los reyes, hechos a la guerra, no conocen el valor de la confianza. Además, Carlos II, en un último adarme de dignidad, se niega a aceptar la partición de sus reinos. El heredero habrá de ser uno solo. En su último testamento escoge a Felipe de Anjou, segundo hijo del delfín de Francia y nieto a la sazón de Luis XIV, a condición de que renuncie a cualquier derecho de sucesión a la corona francesa. El próximo rey de España se llamará, pues, Felipe V.

Siglos de Oro

Mientras los monarcas se afanaban, a ambos lados del océano, en levantar la colosal obra de su nuevo Estado, vientos tenues, pero tenaces, soplaban desde Europa con ánimo de apagar los últimos rescoldos del Medievo. Cuantas gentes de alguna cultura —artistas y comerciantes, oficiales y humanistas— pisaban tierras de Italia y Flandes, se empapaban de su nuevo espíritu renacentista y traían con ellos las semillas de aquella planta embriagadora. Pero, aunque su influencia alcanza a artistas y escritores, apenas penetra en las universidades y menos aún en el pueblo llano. Son la Corte, la aristocracia y el alto clero, con el cardenal Cisneros a la cabeza, quienes abrazan la nueva filosofía humanista. El común, anclado en su mundo sin tiempo, en nada ve alterarse sus quehaceres, ni aprecia un tono distinto en los sermones de un clero rural tan inculto como él y apenas tocado por el nuevo pensamiento.

Menos aún triunfa la nueva estética, enfrentada a un gótico todavía resplandeciente en las catedrales que brotan en las pujantes villas castellanas al iniciarse el siglo XVI. Será, más tarde, en Jaén, Granada o Málaga, tierras recién ganadas al islam en las que no cuenta con arraigo el gótico, donde se erijan las primeras basílicas renacentistas. Bien al contrario, la literatura asimila pronto las nuevas formas estilísticas, que despuntan en las obras de Íñigo López de Mendoza, marqués de Santillana, Jorge Manrique y Juan de Mena. Y mientras el pueblo deja volar su fantasía con las novelas de caballerías, Fernando de Rojas define en *La Celestina* los límites del Renacimiento hispano, que, incapaz todavía de soltar la carga melancólica y moralizante del Medievo, no termina de abandonarse a la pasión de los sentidos.

Porque, a despecho de luminarias tan intensas como Elio Antonio de Nebrija, autor en 1492 de la primera *Gramática castellana,* pionera entre las europeas; el cardenal Cisneros, impulsor, entre 1502 y 1517, de la Biblia Políglota Complutense, o Luis Vives, exiliado entre voluntario y forzoso de una España que no le entiende, la Edad Media distaba mucho de haber muerto. La Inquisición, y el clima de sospecha y persecución que impone en la sociedad española, no podían por menos que ejercer de poderosa limitación al arraigo en nuestro país del humanismo renacentista. Así, apenas brotada su semilla en el duro suelo castellano, los venenos de la intolerancia y el fanatismo la angostarán primero para extinguir después sus frutos. Con harto dolor hubieron de escuchar muchos humanistas hispanos decir a Erasmo de Rotterdam que no le gustaba España.

Y, sin embargo, en ambas centurias, el XVI y el XVII, pero quizá más en la segunda, vive el alma hispana el período más fecundo de su creatividad y marchan hermanadas las élites y el pueblo en el común esfuerzo de su genio. Apenas comenzado el reinado del emperador Carlos V, el erasmismo arraiga en España de la mano de los hermanos Juan y Alfonso de Valdés, de Luis Vives o incluso de arzobispos como Bartolomé Fonseca y Alonso de Carranza, creyentes todos en una religiosidad interior, alejada de ritos y fórmulas, entregada a la búsqueda de una relación íntima y personal del alma con su

Creador. Enemistado con el papa Paulo III, Carlos aprueba la nueva corriente, pronta a justificar sus ataques contra el pontífice. Pero la Reforma protestante, a la vez que forzaba a Roma a reaccionar, convertía en sospechoso el erasmismo. Y el césar, entregado a la vía de la conciliación, hubo de asumir su imposibilidad y aceptar como hecho evidente la consumación de la ruptura de la cristiandad romana. Trento, el concilio celebrado a sus instancias entre 1545 y 1563, no serviría para hermanar a católicos y protestantes, sino para impulsar la imprescindible reforma de la Iglesia, la *Contrarreforma*. Durante esas casi dos décadas, teólogos hispanos de la talla de Alfonso Salmerón, Diego Laínez o Melchor Cano debatieron en la ciudad italiana sobre la mejor manera de sacar al catolicismo de su letargo, mientras un antiguo soldado vasco, Ignacio de Loyola, se entregaba en cuerpo y alma a la fundación de una nueva orden religiosa, la Compañía de Jesús, un ejército de Cristo ganado por la obediencia al papa y la beligerancia contra el protestantismo.

Pero el clero español no había de destacar tan solo en teología. Clérigos fueron gentes como Antonio de Montesinos o Bartolomé de las Casas, que dieron batalla, ya en las primeras décadas del siglo XVI, a la codicia insaciable de los colonos españoles, constituyéndose en valedores de las prerrogativas de los indios. Lo fue también Francisco de Vitoria, padre del moderno derecho internacional, o Juan de Mariana, defensor de la limitación del poder real. Y no lo fueron menos hombres como Martín de Azpilcueta y Tomás de Mercado, pioneros, en la segunda mitad del siglo XVI, de la corriente arbitrista que tanto alcance lograría más adelante, sentidas ya por la conciencia colectiva las amarguras de la decadencia.

Un camino semejante recorrió la literatura, llamada pronto a desertar de las bucólicas rimas y el erotismo idealizado de un Garcilaso de la Vega con los que se había iniciado el siglo XVI, en favor de la ascética intensidad de fray Luis de León o la mística arrobadora de santa Teresa y san Juan de la Cruz. A la par, la cómoda evasión que ofrecen al pueblo las novelas pastoriles y los fantásticos libros de caballerías, testimonios literarios de un mundo irreal o muerto tiempo atrás, deja paso al menos placentero pero mucho más realista género de la novela picaresca, que ofrece sus primicias en este siglo en forma de obras como la *Lozana Andaluza,* de Francisco Delicado, o el anónimo *Lazarillo de Tormes,* que ve la luz en 1554.

Mientras, las bellas artes se despegan al fin del gótico, solo disfrazado por la exuberante decoración plateresca, para abrazar las nuevas formas renacentistas. Ojivas y arbotantes dejan paso al fin a columnas y arcos de medio punto; el exceso y la desmesura rinden tributo a la armonía y la proporción. Pero poco tardan las construcciones en abandonar el clasicismo de Pedro Machuca, Alonso de Covarrubias y Rodrigo Gil de Hontañón para ofrecer al mundo una arquitectura entregada a la más extrema austeridad, trasunto en piedra de la espiritualidad dominante en la España de Felipe II. Desde la monumental obra de El Escorial, construido entre 1563 y 1584, con Juan de Herrera como máximo valedor, las formas desnudas y las proporciones geométricas arraigan en Sevilla o Valladolid. Mientras, Cataluña, fiel aún al gótico, construye el palacio barcelonés de la *Generalitat*, y Zaragoza concede una prórroga al plateresco. Su espíritu, menos recio, se acomoda peor a la severidad herreriana. La escultura renacentista da sus primeros pasos de la mano de artistas flamencos e italianos. Pero pronto asimilan el nuevo estilo los escultores autóctonos y al punto brotan figuras de la talla de Diego de Siloé, Alonso Berruguete y Juan de Juni. Fieles a la nueva espiritualidad, los maestros hispanos prefieren la madera al mármol y el bronce, y gustan más de la temática religiosa que de la histórica o la mitológica. Su estilo, intenso y dramático, anticipa ya el Barroco. Menos peso tiene la pintura, que no goza de figuras de talla comparable a las de las otras artes. Solo un nombre, el de Domenico Theotocopulos, llamado El Greco, que vivió entre 1541 y 1614, posee alguna grandeza.

El cambio de centuria, junto al hálito hediondo de la decadencia, prorroga y aun aumenta el esplendor de nuestra cultura. Miguel de Cervantes traza en su *Quijote* el mejor retrato del alma hispana, a la par grande y mísera, soñadora y cicatera, en una metáfora perfecta de aquella España incapaz de disimular que los pícaros de las novelas de Mateo Alemán o Francisco de Quevedo son los que corren por las calles de sus sucias ciudades, que el teatro de Lope de Vega, de Pedro Calderón de la Barca, de Tirso de Molina, que tanto gusta al pueblo, le aparta de sus crecientes miserias cotidianas, que los poemas de Luis de Góngora, del mismo Lope, del simpar Quevedo han hecho ya olvidar la utopía bucólica de Garcilaso de la Vega, lejano ya en sus primeras décadas de la centuria anterior.

Y si la literatura se hace grande sintiendo la decadencia o huyendo de ella, refugiándose en la fe o denunciando la pobreza, la arquitectura fracasa en su intento imposible de ocultar la realidad. Si la hegemonía hispana había hecho de la sobriedad su seña de identidad, la decadencia lo hará de la ostentación. Si el apogeo del Imperio había encontrado su contrapunto en la austeridad espartana de la Corte del rey prudente, su crepúsculo lo hallará en el frívolo despilfarro y la magnificencia vana del séquito de los últimos Habsburgo, bien llamados durante mucho tiempo por la historia Austrias Menores. Pero, menguando la riqueza, el arte tomará como norma el disimulo. Las iglesias habrán de ocultar con yeso y barnices la miseria de su ladrillo, y sus bóvedas, olvidados ya los excesos pasados, buscarán en la humilde caña el ahorro impuesto por la miseria, y confiarán en la distancia del espectador para engañar a sus poco avisados ojos. Será en las Indias donde el Barroco hispano podrá expresar sin límites su gusto por la desmesura.

Por fortuna, no necesitan de riquezas materiales las artes plásticas. Le basta a la escultura la humilde madera policromada para mostrar su pasión exagerada, tan afín al gusto castellano por el patetismo. Gregorio Fernández inunda el norte de la península de su realismo obsesivo, que se despliega bajo la forma de Cristos, Inmaculadas y Piedades de intenso dramatismo. Se resiste el sur a abandonar la serenidad renacentista, que emana aún de las obras de Juan Martínez Montañés y Alonso Cano. Pero la batalla se pierde al mediar el siglo XVII, cuando triunfan ya las formas agitadas, de vestir alborotado, de expresión teatral y gesto desmedido que marcarán la centuria. Será, sin embargo, en la pintura donde alcanza el alma hispana sus más altas cotas de originalidad creativa. Comienza con vigor el siglo en Levante con las figuras de Francisco Ribalta y José de Ribera, que reciben y reinterpretan la influencia de Caravaggio. Pero será Sevilla la madre de los maestros más grandes del siglo, pues allí se forman en su primer tercio Francisco Zurbarán, capaz como nadie de reflejar en el lienzo la sincera devoción de los monjes; Alonso Cano, barroco solo de época, amante siempre de la belleza delicada, y, sobre todos, Diego Velázquez, que experimenta y trasciende los estilos de su tiempo para proyectarse, decidido, hacia un futuro que entonces ni aun comienza a adivinarse.

* * *

El siglo XVII concluyó, en fin, mucho peor de lo que había empezado, con falta de pulso en el exterior y una indescriptible pobreza en el interior. En 1694, el embajador inglés escribía: «Este país se halla en un estado muy miserable: nadie dirige el Gobierno, y todos los que tienen cargos hacen lo que les parece sin el temor de tener que rendir cuentas». Hacia 1700, España parecía, en efecto, una nación sin brío ni proyecto. El nuevo siglo se los daría. Pero eso es otra historia… o, mejor dicho, la otra parte de esta historia.

Glosario

Albigenses o cátaros. Miembros de una secta cristiana que se extendió por el sur de Francia y el norte del entonces territorio catalán entre los siglos XII y XIII. No creían en el Infierno ni en la Resurrección de la carne. Rechazaban los sacramentos y la posesión de bienes por la Iglesia. Declarados herejes, el apoyo del papa Inocencio III permitió al rey de Francia Felipe II valerse de los cruzados al mando de Simón de Monfort para extirpar la herejía al tiempo que imponía su autoridad en la zona, lo que provocó la intervención del rey aragonés Pedro II, que acudió en ayuda de sus vasallos y aliados los condes de Tolosa y de Foix. La derrota aragonesa en la decisiva batalla de Muret, que se libró el 13 de septiembre de 1213 en una llanura a unos doce kilómetros al sur de Tolosa (la Toulouse francesa), frenó definitivamente las ansias expansionistas de la Corona de Aragón hacia el norte y selló su destino mediterráneo. En 1245, la toma de su último reducto, la fortaleza de Monsegur, al sudoeste de Carcasona, en la montaña del Pog, de 1 207 metros de altura, puso fin a la existencia de los cátaros.

Antiguo Régimen. Nombre que los historiadores burgueses dieron a los últimos siglos de la Edad Moderna. Se identifica con la economía agraria, la sociedad estamental y la Monarquía absoluta.

Arrianismo. Doctrina de Arrio, sacerdote de Alejandría, declarada herética por los concilios de Nicea (325) y Constantinopla (381). Negaba la divinidad de Cristo, a quien consideraba hijo de Dios, pero solo hombre. Los visigodos fueron arrianos y trataron sin éxito de imponer su religión en Hispania, hasta que Recaredo, comprendiendo la futilidad de tal pretensión, se convirtió oficialmente al catolicismo en el 589.

Bagaudas. Movimiento revolucionario surgido en la Galia en la segunda mitad del siglo III, cuyos efectos se prolongaron cerca de dos siglos. Esclavos, colonos y plebe urbana se rebelaron y sometieron a la destrucción y el pillaje ciudades y villas de la Galia e Hispania. En su momento de auge, sus jefes llegaron incluso a acuñar moneda propia.

Bizancio. Colonia griega de Megara fundada en el siglo VII a. C. junto al estrecho del Bósforo. Con el nombre de Constantinopla, que le dio el emperador Constantino en el 324, fue capital del Imperio romano de Oriente, o *Imperio bizantino,* hasta su caída en manos de los turcos en 1453. Entre los años 527 y 565, el emperador Justiniano trató de restaurar el Imperio romano reconquistando la parte occidental, que había caído en manos de los bárbaros. Aunque no lo logró del todo, sus conquistas incluyeron la costa meridional de la Hispania visigoda, que permaneció bajo control bizantino entre los años 552 y 624.

Camino de Santiago. Ruta que recorren desde la Edad Media los peregrinos procedentes de España y de toda Europa para llegar a la ciudad de Santiago de Compostela, donde se veneran, desde su supuesto hallazgo a comienzos del siglo IX, las reliquias del apóstol Santiago el Mayor.

Cátaros. Véase **Albigenses o cátaros**

Cluniacenses. Miembros de una orden monástica fundada por los benedictinos de la abadía de Cluny (Borgoña), en el año 910. Basada en una regla estricta, que prestaba gran atención a la liturgia, alcanzó gran influencia en toda Europa y contribuyó a la propagación del arte románico. En la España medieval, su penetración, a partir del siglo XI, supuso el fin del monacato tradicional, atomizado, heterogéneo y repoblador, en favor de monasterios de mayor envergadura y más uniformes en sus reglas

Cónsul. Cada uno de los dos magistrados que ejercían como jefes del Estado bajo la República romana (509 a. C. a 27 a. C.). Se elegían por un año entre los miembros del orden senatorial mayores de cuarenta y dos años. Poseían el comando supremo del Ejército; convocaban al Senado y las Asambleas, las presidían y presentaban ante ellas mociones y proyectos de ley; dirigían las elecciones, y, en fin, ejercían el Poder Ejecutivo de la República. Hispania, parcialmente en manos de Roma desde finales del siglo III a. C., sería la primera de sus provincias en darle un cónsul no nacido en la metrópoli, Lucio Cornelio Balbo, que ejerció la suprema magistratura republicana en el año 40 a. C.

Consulados del mar. En Cataluña, Valencia y Mallorca, tribunales creados a finales del siglo XIII con jurisdicción especial sobre asuntos marítimos y mercantiles. Su desarrollo llevó aparejado la aprobación de normas específicas que, una vez recopiladas, dieron lugar al llamado *Llibre del Consolat de Mar*, ya en el siglo XIV.

Chiismo. Secta dentro del islam que considera ilegal la sucesión de Mahoma por Abu Bakr, pues no pertenecía la familia del profeta. Para los chiíes, los legítimos líderes espirituales del islam son los descendientes de Ali, su cuarto sucesor. Almorávides y almohades, pueblos norteafricanos que reunificaron temporalmente la España musulmana entre los siglos XI y XIII, eran chiíes.

Diezmo. Impuesto eclesiástico equivalente a la décima parte de los ingresos que se destinaba al mantenimiento del clero. En España aparece por vez primera en León hacia el siglo X, para extenderse luego a los demás reinos. Fue abolido definitivamente por Juan Álvarez de Mendizábal, ministro de Hacienda en el gabinete del progresista José María Calatrava, en 1837.

Feudalismo. Organización socioeconómica y política propia de la Edad Media. Se caracteriza por el reparto del poder del Estado entre los miembros de una aristocracia que asienta su riqueza en la tierra, así como por el desarrollo en su seno de relaciones de fidelidad personal a cambio de beneficios económicos. Aunque en la España medieval no puede hablarse con propiedad de feudalismo pleno, al menos en el terreno de las instituciones, con la excepción de Cataluña, los reinos cristianos peninsulares sí poseyeron rasgos económicos y sociales propios de esta organización.

Generalidad. En catalán, *Generalitat*. Institución creada en las Cortes catalanas celebradas en 1289 en Monzón, al designarse por vez primera una *Diputación del General*, comisión temporal para recaudar el «servicio» o tributo que se concedía al rey, impuesto conocido popularmente como *generalidad*. Con el paso del tiempo, el nombre oficioso de Generalidad terminó suplantando al nombre oficial de Diputación del General.

Glosas emilianenses y silenses. Primeros textos conocidos escritos en prosa en lengua castellana. Fueron halladas en los monasterios de San Millán de la Cogolla y Santo Domingo de Silos y datan de comienzos del siglo XI las primeras y de finales de esa misma centuria las segundas.

Hospitalidad. Institución o práctica social propia de los pueblos celtas y celtíberos en virtud de la cual un individuo o grupo se convierte en huésped de una comunidad. El huésped llevaba una *tésera* o pequeña pieza de metal que se acoplaba a otra que quedaba en posesión de la comunidad que lo acogía. Ello permitía en todo momento demostrar la autenticidad de la relación entre ambos.

Hugonotes. Nombre dado a los protestantes franceses en los siglos XVI y XVII. Fueron perseguidos con dureza durante las llamadas guerras de religión, hasta que, en 1598, el rey Enrique IV les concedió la tolerancia por medio del Edicto de Nantes, eliminando con ello la principal baza con la que contaba Felipe II en su objetivo de someter a su voluntad a la Monarquía francesa.

Iberización. Proceso de formación de una cultura homogénea en las zonas costeras de la península ibérica como resultado de la colonización fenicia y griega.

Irmandiños. Revuelta antinobiliaria iniciada en Galicia en 1467, durante el reinado de Enrique IV de Castilla, contra los abusos de los nobles. Su nombre alude a las *irmandades* armadas creadas por los sublevados, en su mayoría campesinos, pero también clérigos y habitantes de las ciudades.

Letra de cambio. Documento por el que un comerciante se comprometía con una persona a que le fuera abonada una determinada cantidad de dinero en otra ciudad y en una moneda distinta. Su uso en la España medieval comenzó en la Corona de Aragón, donde los Consulados del Mar regularon su empleo a finales del siglo XIV.

Malos usos. Prácticas introducidas por la nobleza catalana en el siglo XIV para compensar la caída de sus rentas mediante una mayor presión sobre los campesinos de sus tierras. El primero de ellos fue la *remensa,* o cantidad que el campesino debía abonar al señor si deseaba abandonar las tierras que trabajaba.

Manos muertas. En España, propiedades no enajenables, en su mayoría tierras, en especial las de la Iglesia.

Mesta. Las *mestas* medievales eran terrenos de pastos de uso comunal. Hacia comienzos del siglo XIII, el mismo término nombraba a las asambleas de pastores constituidas en Castilla al calor del gran crecimiento de los rebaños de ovejas merinas que se movían de norte a sur siguiendo los patos de invierno y verano. Con el fin de agruparlas, Alfonso X creó en 1273 el Concejo de la Mesta, que habría de mantenerse hasta su abolición por el Gobierno progresista de 1836, que la sustituyó por la denominada Asociación de Ganaderos del Reino.

Metrópoli. Etimológicamente, *ciudad madre.* Dícese de la ciudad o el Estado que ha fundado colonias fuera de sus fronteras, mantenga o no lazos políticos con ellas. En la actualidad, suele usarse para referirse, sin más, a la ciudad principal de un territorio, pero no es este el sentido que se le da en el texto.

Parias. Nombre que recibían en la Edad Media peninsular los tributos que el soberano de un territorio pagaba a otro para evitar ser atacado por él. Con el tiempo, llegaron a convertirse en un ingreso estable de los reyes cristianos, lo que sin duda dilató en el tiempo el final de la reconquista.

Patronato. Institución social, implantada en la península ibérica por los romanos, en virtud de la cual un individuo se convierte en patrono de otro, denominado *cliente*. Se trata de una relación sinalagmática, esto es, comportaba derechos y obligaciones por ambas partes. El patrono quedaba obligado a proteger a su cliente y proporcionarle ayuda económica si la necesitaba. El cliente, por su parte, debía ayudar a su patrono cuando lo requería.

Payeses de remensa. Campesinos sometidos a la obligación de abonar una suma acordada de dinero al dueño de la tierra que labraban si deseaban abandonarla (véase *malos usos*).

Priscilianismo. Doctrina de Prisciliano, obispo de Ávila, declarada herética por los concilios de Zaragoza (380) y Braga (563). Negaba la distinción entre las tres personas divinas, atribuía a Jesús un cuerpo aparente y consideraba a la procreación obra del Demonio. Su relativo éxito en algunas zonas de Hispania y la Galia debe atribuirse a la desesperación de las capas más humildes de la sociedad. Prisciliano fue condenado por *maleficium* y decapitado en 385 junto a sus principales seguidores, siendo los demás desterrados y despojados de sus posesiones. Sin embargo, su doctrina, aunque minoritaria y marginada por la Iglesia oficial, sobreviviría mucho tiempo en una sociedad golpeada por la miseria y la injusticia.

Sestercio. Pequeña unidad monetaria romana de plata que equivalía a un cuarto de denario. Su peso era de unos nueve gramos. Durante los últimos siglos de la República y los primeros del Imperio, las cuentas se hacían en sestercios, pero los denarios eran mucho más utilizados.

Sincretismo. Fenómeno en virtud del cual se funden o confunden elementos pertenecientes a sistemas de creencias religiosas de distinto origen cultural. La religión romana, por su carácter abierto y tolerante, facilitaba la aparición de este fenómeno.

Sublevación de las Alpujarras. Revuelta de los moriscos granadinos de las Alpujarras iniciada en la Nochebuena de 1568. En sus raíces se halla la creciente intolerancia que venían sufriendo por parte de las autoridades, que culminó en 1567 con un decreto que les prohibía usar su lengua e indumentaria tradicionales. La guerra duró dos años y concluyó con la dispersión de los moriscos por toda Castilla.

Sultán. Título que llevaron, a partir del siglo XI, los soberanos independientes de varios Estados musulmanes, en especial de origen turco.

Valido. Aristócrata que, en virtud de su relación personal con el monarca, acumula cargos de confianza y termina por ejercer el poder en su nombre. Aunque los primeros validos surgieron en la Baja Edad Media, los más destacados corresponden a los reinados de Felipe III, Felipe IV y Carlos II.

Villa. Inicialmente, residencia de campo de los romanos ricos. A partir del siglo III empezó a convertirse en una unidad económica cerrada que desarrollaba actividades agrarias y manufactureras destinadas al consumo propio.

Bibliografía

ALVAR EZQUERRA, J. (dir.): *Entre fenicios y visigodos,* Madrid: La Esfera de los libros, 2008.
ARCE, J.: *Bárbaros y romanos en Hispania, 400-507 A. D.,* Madrid: Marcial Pons, 2007.
ARSUAGA, J. L. Y MARTÍNEZ, I.: *La especie elegida. La larga marcha de la evolución humana,* Barcelona: Temas de Hoy, 1998.
BENDALA, M.: *Tartessos, íberos y celtas,* Madrid: Temas de Hoy, 2000.
BENNASSAR, B.: *La América española y la América portuguesa, siglos XVI-XVIII,* Madrid: Akal, 1996.
BONASSIE, P., y otros: *Las Españas medievales,* Barcelona: Crítica, 2001.
CASTILLA BRAZALES, J.: *Érase una vez Al-Andalus,* Granada: El Legado Andalusí, 2003.

COMELLAS, J. L. Y SUÁREZ, L.: *Breve historia de los españoles*, Barcelona: Ariel, 2006.
DAMIÁN CANO, P.: *Al-Andalus. El islam y los pueblos ibéricos*, Madrid: Sílex, 2004.
DOMÍNGUEZ ORTIZ, A.: *Sociedad y Estado en el siglo XVIII español*, Barcelona: Ariel, 1976.
—*España. Tres milenios de Historia*, Madrid: Marcial Pons, 2001.
ELLIOTT, J. H.: *La España Imperial*, Barcelona: RBA, 2006.
ESLAVA GALÁN, J.: *Historia de España contada para escépticos*, Barcelona: Planeta, 2003.
GARCÍA CÁRCEL, R.: *La leyenda negra*, Madrid: Alianza Editorial, 1992.
GARCÍA DE CORTÁZAR, F.: *Historia de España. De Atapuerca al euro*, Barcelona: Planeta, 2002.
GRACIA, F.: *Roma, Cartago, íberos y celtíberos*, Barcelona: Ariel, 2006.
KAMEN, H.: *La Inquisición española*, Barcelona: Crítica, 1999.
—*Imperio. La forja de España como potencia mundial*, Madrid: Aguilar, 2003.
LADERO QUESADA, M. Á.: *La formación medieval de España*, Madrid: Alianza Editorial, 2003.
LOMAR, D. W.: *La Reconquista*, Barcelona: Crítica, 1984.
LYNCH, J.: *España bajo los Austrias*, Barcelona: Península, 1984.
— *La España del siglo XVIII*, Barcelona: Crítica, 1991.
MITRE FERNÁNDEZ, E.: *La España medieval*, Madrid: Istmo, 1995.

PARKER, G.: *Felipe II*, Madrid: Alianza Editorial, 1995.
PÉREZ, J.: *Mitos y tópicos de la historia de España y América*, Madrid: Algaba, 2006.
RUIZ, A.: *Los íberos*, Barcelona: Crítica, 1995.
SALINAS DE FRÍAS, M.: *Los pueblos prerromanos de la península ibérica*, Madrid: Akal, 2006.
SANZ SERRANO, R.: *Historia de los godos*, Madrid: La Esfera de los Libros, 2009.
THOMAS, H.: *El Imperio español. De Colón a Magallanes*, Barcelona: Planeta, 2003.
THOMPSON, E. A.: *Los godos en España*, Madrid: Alianza Editorial, 2007.
TOVAR, A. y BLÁZQUEZ, J. M.: *Historia de la Hispania romana*, Madrid: Alianza, 1994.
VALDEÓN BARUQUE, J.: *La Reconquista*, Madrid: Espasa-Calpe, 2006.
WATT, W. M.: *Historia de la España Islámica*, Madrid: Alianza, 1995.